로마인을 향하여

Προς Ρωμαίους

신약성서 헬라어 원전 강해 시리즈 6 — 로마서

로마인을 향하여 Προς Ρωμαίους

2023년 11월 14일 처음 펴냄

지은이 | 진철
펴낸이 | 김영호
펴낸곳 | 도서출판 동연
주　소 | 서울시 마포구 월드컵로 163-3
전　화 | 02-335-2630
팩　스 | 02-335-2640
이메일 | yh4321@gmail.com
인스타그램 | dongyeon_press

ISBN 978-89-6447-966-7 04230
ISBN 978-89-6447-893-6 04230(신약성서 헬라어 원전 강해 시리즈)

신약성서 헬라어 원전 강해 시리즈
로마서

로마인을
향하여
Προς Ρωμαίους

진철 지음

R

o m a n s

6

동연

이 책을

박재순 · 박경미 님께

헌정합니다.

추 천 의 글

　　진철 목사님의 신약성서 헬라어 원전 강해 시리즈『로마인을 향하여』출간을 기뻐합니다.

　　진철 목사님은 성서 원어를 온 마음과 몸을 다하여 읽고 해석합니다. 새로 출간하신『로마인을 향하여』는 사도 바울이 로마교회에 보낸 서신에 담긴 파토스를 성서해석과 묵상을 통하여 잘 담아주셨습니다.

　　이 저서는 진철 목사님께서 그간 성서 원어와 치열하게 씨름하고 해석하며 체화하신 노고의 귀한 산물이기도 합니다. 특히 성서의 심연에서 꿈틀거리는 바울의 내면적인 열정과 복음의 역동적 울림을 선명하게 담았습니다.

　　이 책은 성서의 말씀과 능력에 주목하면서 오늘의 교회를 섬기고 신학을 하는 목회자와 독자들에게 큰 도움과 방향을 제공할 것입니다.

전철(한신대학교 신학대학원장)

제가 인천노회 성린교회에서 목회하고 있을 때 주제넘게도 후배 목사님들에게 성경을 가르친 일이 있었습니다. 여러 목사님이 배우겠다고 찾아왔는데 끝까지 남아서 열심히 배운 분이 진철 목사님이셨습니다.

진철 목사님은 그때 여러 가지 큰 시련과 고난을 당했지만, 그 큰 아픔 중에도 날마다 갈대밭에 가서 엎드려 기도하고 성경읽기에만 전념하던 분이었습니다. 그는 인천노회를 떠나 서울 남노회로 간 후 소식이 끊겨서 그의 근황을 알 수 없었습니다.

그런데 며칠 전 갑자기 전화 한 통을 받았습니다. 진 목사님이었습니다. 그동안 여러 나라 언어를 공부했는데 그중에 헬라어를 열심히 했다고 하였습니다. 그리고 얼마 전에 신약성서 원전 강해 시리즈 마태복음『나사렛 예수 이야기』를 출간했고, 지금 로마서 강해『로마인을 향하여』를 출판하려 하는데, 추천의 글을 써줄 수 있겠느냐고 했습니다.

저는 평소에 진 목사님이 집념이 강하고 끈기 있는 분이라는 것은 알고 있었지만 좀 무모한 일을 시작하지 않았나 생각했습니다. 그가『나사렛 예수 이야기』를 보내주었고 제가 열심히 읽어보았습니다. 제가 헬라어에 능통하지 못하기 때문에 원문 해석이 제대로 되었는지

평가할 수는 없지만, 해설 부분을 읽으며 큰 은혜와 감동을 받았습니다. 그리고 이번에 나올 『로마인을 향하여』를 읽으며 더 큰 감동과 은혜를 받았습니다.

그의 글을 읽으면 짧고 간결하면서도 핵심을 찌르는 강력한 메시지가 담겨 있습니다. 그 글의 중심에는 언제나 예수 그분이 있고, 오직 믿음으로 오직 은혜로만 구원받을 수 있다는 것이 강조되고 있습니다. 오직 예수 그리스도 그분이 의요 생명이요 구원이요 능력이요 우리의 유일한 희망임을 강조하고 있습니다. 그분의 십자가 사랑이 우리의 삶의 근거요 능력임을 깊이 깨닫게 해줍니다.

신학생이나 목회자는 물론 헬라어를 모르는 일반 성도들도 이 책을 읽으면 믿음의 기초가 확실히 서게 되고, 흔들림 없이 이 험한 세상에서 믿음으로 승리하는 성도들이 될 줄로 확신하여 감히 추천의 글을 드립니다.

김지연(인천 성린교회 원로목사)

머 리 말

몇 년 전 친구와 통화하던 중 내가 말했습니다.

"현수야, 죽기 전에 신학책 한 권 써 놓고 가는 게 내 꿈이다."

그랬더니 친구가 말했습니다.

"야, 너는 열심히 쓰기만 해. 그러면 내가 출판위원장 해줄게."

그렇게 해서 신약성서 헬라어 원전 강해 시리즈라는 이 무모한 도전이 시작된 것입니다. 그러나 막상 그런 대화를 나누던 때는 단 한 줄의 글도 만들어진 게 없었습니다.

공성신퇴(功成身退). 공을 세우고 몸은 물러난다는 뜻이랍니다. 신학교 동기들은 목회 현장과 교육 현장에서 다들 빛나는 업적을 남기고 은퇴하는 시기에 뒤늦게 시리즈 첫 번째 책 『나사렛 예수 이야기』가 세상에 나왔습니다. 포도원 주인의 자비로 저녁 다섯 시에 포도원에 들어간 품꾼처럼 하나님의 기적 같은 은혜로 막차 탄 꼴찌 인생입니다. 만약 이거라도 없었다면 내 인생은 완전히 쪽박신세로 끝날 뻔했습니다. 아무것도 제대로 해놓은 게 없으니까요.

인간이 신에 대해 이야기하는 것은 무서운 일입니다. 왜냐하면 그 누구도 신을 본 사람이 없기 때문입니다. 또한 신을 빙자하여 자기 이야기를 하는 경우도 많으니까요. 결국 신학이란 신에 대한 인간의 이야기가 되는데, 거기에는 해석의 관점이 대단히 중요하다고 하겠습니다. 나의 글을 읽어보신 분들은 감을 잡으셨겠지만, 나에게 결정적 영향을 준 신학자는 불트만과 몰트만입니다. 독일 신학자 중에서도 가장 급진적인 분들이지요. 불트만에게서는 그리스도인의 탈세계화된 종말론적 실존을, 몰트만에게서는 하나님의 종말론적 희망의 약속인 그리스도의 부활의 미래를 배웠습니다. 그렇다고 그분들의 신학을 100퍼센트 추종하는 것은 아닙니다. 다만 그들의 신학적 뼈대를 빌려 쓰고 있는 것이지요. 오히려 내용적으로는 주변 친구들의 신학에 더 큰 빚을 지고 있습니다. 그중에는 배상왕의 은혜 신학, 전병생의 정치 신학, 김은경의 평화 신학도 있습니다.

로마서는 바울이 나사렛 예수의 사건을 실존적으로 해석한 후 그것을 기독교 윤리의 뼈대로 세운 글입니다. 로마서는 논리적이고 체계적이며, 동시에 아름답고 힘이 넘치는, 뛰어난 문학성을 지닌 예술작품입니다. 바울의 실존적 윤리 신학은 나사렛 예수가 일으킨 하나님 나라 운동의 역사성을 소멸시켰다는 비난을 받아왔습니다. 그러나 그것은 정당한 평가가 아닙니다. 만약 바울이 없었다면, 기독교는 유대교의 내부의 나사렛파로 남아있다가 소멸했을 것입니다. 바울은 그 시대에 나사렛 예수 사건의 본질을 구속사적 관점에서 꿰뚫어 보았던 유일한 인물입니다. 나사렛 예수의 제자 중에는 그만한 신학적 역량을 가진 사람이 없었기 때문에 베드로처럼 중심을 잡지 못하고 우왕좌왕하는 일이 일어났던 것입니다. 바울이 일으킨 신학 혁명의 본질은 구원의 보편성입니다. 그는 예수 그리스도의 십자가 은혜로 구원 받는데는 아무런 차별(διαστολή, 디아스톨레)이 없다고 선언합니다. 바울의 신학은 유대 민족의 배타적 우월성과 유대교 율법주의를 무너뜨립니다. 유대인들이 가만히 있을 리가 없죠. 그는 그리스도의 제자가 된 이후 평생 유대인들의 암살 대상이 되었습니다. 로마서는 십자가 복음의 최전선에서 불퇴전의 용기를 가지고 전진하고 있던 진리의 전사가 남겨놓은 위대한 투쟁의 기록입니다.

이 책은 김은경, 김해성 두 분 목사님의 후원으로 출판되었습니다. 그리고 이 책의 교정을 위해 많은 수고를 하신 군산노회 오종윤 목사님께 깊은 감사의 마음을 드립니다.

2023년 9월

진철

차 례

●

●

일러두기

1. 성경 구절은 독일성서공회(academic-bible.com)의 '헬라어 성경'에서 인용하
   였습니다.
2. 외래어 표기는 국립국어원 외래어표기법을 원칙으로 했습니다.

인사

로마서 1:1-7

1절

Παῦλος δοῦλος Χριστοῦ Ἰησοῦ, κλητὸς ἀπόστολος ἀφωρισμένος εἰς εὐαγγέλιον θεοῦ,

그리스도 예수의 종 바울은, 부름 받은 사도이며 하나님의 기쁜 소식을 위하여 구별된 자인데,

2절

ὃ προεπηγγείλατο διὰ τῶν προφητῶν αὐτοῦ ἐν γραφαῖς ἁγίαις

그 기쁜 소식은 하나님께서 그의 예언자들을 통해 거룩한 문서들 속에서 미리 약속하셨던 것으로,

3절

περὶ τοῦ υἱοῦ αὐτοῦ τοῦ γενομένου ἐκ σπέρματος Δαυὶδ κατὰ σάρκα,

육체를 따라서는 다윗의 씨로부터 생겨난 그의 아들에 대한 것인데,

4절

τοῦ ὁρισθέντος υἱοῦ θεοῦ ἐν δυνάμει κατὰ πνεῦμα ἁγιωσύνης ἐξ ἀναστάσεως νεκρῶν, Ἰησοῦ Χριστοῦ τοῦ κυρίου ἡμῶν,

그는 거룩함의 영을 따라서는 능력으로 죽은 자들 가운데서 일어남으로 하나님의 아들로 확정된 우리 주님 예수 그리스도로서,

5절

δι᾽ οὗ ἐλάβομεν χάριν καὶ ἀποστολὴν εἰς ὑπακοὴν πίστεως ἐν πᾶσιν τοῖς ἔθνεσιν ὑπὲρ τοῦ ὀνόματος αὐτοῦ,

그분을 통해 모든 이방인 속에서 그분의 이름에 대한 믿음의 복종을 위하여 우리가 은혜와 사도직을 받았으니,

6절

ἐν οἷς ἐστε καὶ ὑμεῖς κλητοὶ Ἰησοῦ Χριστοῦ,

그 이방인 중에 예수 그리스도의 부르심을 받은 여러분도 있다.

7절

πᾶσιν τοῖς οὖσιν ἐν Ῥώμῃ ἀγαπητοῖς θεοῦ, κλητοῖς ἁγίοις, χάρις ὑμῖν καὶ εἰρήνη ἀπὸ θεοῦ πατρὸς ἡμῶν καὶ κυρίου Ἰησοῦ Χριστοῦ.

로마에 있는 모든 하나님의 사랑받는 자들에게, 곧 부름 받은 거룩한 자들에게, 우리들의 아버지이신 하나님과 주 예수 그리스도로부터 은혜와 평화가 여러분에게 (있기를).

해설

사도 바울이 로마교회에 보낸 긴 신학 편지의 인사말은 간결함과 박력을 갖춘 아름답고 긴 문장으로 되어 있는데, 그것은 그 속에 폭발할 것 같은 어떤 에너지가 압축된 하나의 예술성을 지닌 문학 작품이다. 이런 글을 쓸 수 있는 사람은 자신의 견고한 논리적 사상체계를 구축한 사람이며 또한 그 사상을 실천적으로 펼치고 있는 사람임이 틀림없다.

1절은 바울에 대해서

2절은 복음에 대해서

3절은 예수 그리스도의 인성에 대해서

4절은 예수 그리스도의 신성에 대해서

5절은 사도직에 대하여

6절은 교회에 대하여

7절은 로마교회에 대하여

로마 방문에 대한 열망

로마서 1:8-15

8절

Πρῶτον μὲν εὐχαριστῶ τῷ θεῷ μου διὰ Ἰησοῦ Χριστοῦ περὶ πάντων ὑμῶν ὅτι ἡ πίστις ὑμῶν καταγγέλλεται ἐν ὅλῳ τῷ κόσμῳ.

먼저 내가 예수 그리스도를 통하여 여러분 모두에 대하여 나의 하나님께 감사드리는 것은 여러분의 믿음이 온 세계에 널리 알려지고 있기 때문입니다.

9절

μάρτυς γάρ μού ἐστιν ὁ θεός, ᾧ λατρεύω ἐν τῷ πνεύματί μου ἐν τῷ εὐαγγελίῳ τοῦ υἱοῦ αὐτοῦ, ὡς ἀδιαλείπτως μνείαν ὑμῶν ποιοῦμαι

참으로 내가 그분의 아들의 복음 안에서 나의 영으로 섬기고 있는 하나님이 나의 증인이시니, 그것은 내가 끊임없이 여러분을 기억하고 있으며

10절

πάντοτε ἐπὶ τῶν προσευχῶν μου δεόμενος εἴ πως ἤδη ποτὲ εὐοδωθή σομαι ἐν τῷ θελήματι τοῦ θεοῦ ἐλθεῖν πρὸς ὑμᾶς.

어떻게 해서든지 하나님의 뜻 안에서 여러분을 향해 갈 수 있도록 순조로운 여행을 하게 되기를 나의 기도 속에서 언제나 간구하고 있다는 것입니다.

11절

ἐπιποθῶ γὰρ ἰδεῖν ὑμᾶς, ἵνα τι μεταδῶ χάρισμα ὑμῖν πνευματικὸν εἰς τὸ στηριχθῆναι ὑμᾶς,

참으로 내가 여러분을 보기를 갈망하는 것은 여러분이 견고하게 되기 위하여 내가 여러분에게 어떤 영적인 은사를 나누어주려는 것입니다.

12절

τοῦτο δέ ἐστιν συμπαρακληθῆναι ἐν ὑμῖν διὰ τῆς ἐν ἀλλήλοις πίστεως ὑμῶν τε καὶ ἐμοῦ.

그런데 이것은 여러분과 나의 믿음을 통하여 여러분 안에서 함께 위로받는 것입니다.

13절

οὐ θέλω δὲ ὑμᾶς ἀγνοεῖν, ἀδελφοί, ὅτι πολλάκις προεθέμην ἐλθεῖν πρὸς ὑμᾶς, καὶ ἐκωλύθην ἄχρι τοῦ δεῦρο, ἵνα τινὰ καρπὸν σχῶ καὶ ἐν ὑμῖν καθὼς καὶ ἐν τοῖς λοιποῖς ἔθνεσιν.

그러나 나는 여러분이 모르기를 원치 않는 것은, 형제들이여, 여러 번 내가 여러분을 향하여 가려고 뜻을 세웠으나 지금까지 가로막혔는데, 이는 내가 나머지 이방인들 속에서와 같이 여러분 속에서도 어떤 열매를 얻으려는 것입니다.

14절

Ἕλλησίν τε καὶ βαρβάροις, σοφοῖς τε καὶ ἀνοήτοις ὀφειλέτης εἰμί, 헬라인에게나 야만인에게나, 지혜로운 자들에게나 어리석은 자들에게나 나는 빚진 사람입니다.

15절

οὕτως τὸ κατ᾽ ἐμὲ πρόθυμον καὶ ὑμῖν τοῖς ἐν Ῥώμῃ εὐαγγελίσασθαι. 이처럼 나의 간절한 열망은 로마에 있는 여러분에게도 기쁜 소식을 전하는 것입니다.

해설

    로마교회 성도들의 믿음에 대한 소식을 들은 바울은 로마를 방문하여 어떤 영적인 은사를 나누어 주어서 그들의 믿음이 견고하게 되기를 갈망하고 있었다. 그러나 여러 가지 일로 인해 바울의 뜻은 좌절된다. 그러자 견디다 못한 바울은 그의 뜻을 이루기 위해 긴 신학 편지를 쓴다. 그는 이 편지를 통해 로마 교인들에게 체계적인 신학 지식을 제공해서 그들이 믿음이 더욱더 견고하게 되기를 원한다.

    바울은 로마교회가 베드로의 제자들에 의해 세워진 것과 그들의 믿음이 훌륭한 것을 알고 있다. 그런데도 그가 이 편지를 쓰는 것은 자신이 그리스도로부터 받은 계시적 지식을 가르쳐서 복음의 진리 위에 그들의 믿음을 확고히 세워주려는 것이다.

    그의 간절함은 그의 글 속에 있는 "ει πως ήδη ποτέ"(만약 어떻게 이미 언제: 어떻게 해서든지)라는 표현 속에 잘 묘사되어 있다.

하나님의 의 (1)

로마서 1:16-17

16절

Οὐ γὰρ ἐπαισχύνομαι τὸ εὐαγγέλιον, δύναμις γὰρ θεοῦ ἐστιν εἰς σωτηρίαν παντὶ τῷ πιστεύοντι, Ἰουδαίῳ τε πρῶτον καὶ Ἕλληνι.

참으로 나는 복음을 부끄러워하지 않으니, 이는 복음은 모든 믿는 자에게 구원을 향한 하나님의 능력이기 때문이다. 먼저는 유대인에게 그리고 헬라인에게.

17절

δικαιοσύνη γὰρ θεοῦ ἐν αὐτῷ ἀποκαλύπτεται ἐκ πίστεως εἰς πίστιν, καθὼς γέγραπται· ὁ δὲ δίκαιος ἐκ πίστεως ζήσεται.

그 안에는 믿음으로부터 믿음에 이르는 하나님의 의가 계시되어 있는데, 이는 "의인은 믿음으로 살 것이다"라고 기록된 바와 같다.

해설

하나님의 의는 바울 신학의 핵심 개념인데, 그는 편지의 인사말 다음에 이것을 곧바로 언급하고 있다. 이를 통해 우리는 바울이 솔직하고 담백하며 직설적인 성격의 소유자라는 것을 짐작할 수 있다.

δικαιοσύνη θεού(디카이오쉬네 데오우: 하나님의 의), 바울에게 있어서 하나님의 의는 인간의 의와 대립하는 개념이다. 모세는 율법을 통해 하나님 앞에 나아가는 길을 가르쳤다. 그러나 그것은 애당초 하나님의 의에 도달할 수 없는 것이다. 율법은 인간의 노력에 의한 인간의 의를 성취할 뿐이지, 하나님의 의를 만족시킬 수 없다. 하나님의 의는 적대적 감정이 흐르는 문서화된 율법 조항들을 통해 얻을 수 있는 것이 아니다. 그렇기에 바울에게 있어서 유대교는 실패한 종교다.

그는 인간은 율법의 실천이 아니라, 예수 그리스도 안에 계시된 하나님의 의의 선물을 믿음으로 받아들임을 통해 하나님과의 인격적 사랑의 교제 속으로 들어갈 수 있다고 선언한다. 그런 점에서 하나님의 의는 바울 신학의 깃발이다.

그는 처음부터 이 깃발을 들고 담대한 행진을 시작하고 있다.

죄의 현실

로마서 1:18-32

18절

Ἀποκαλύπτεται γὰρ ὀργὴ θεοῦ ἀπ᾽ οὐρανοῦ ἐπὶ πᾶσαν ἀσέβειαν καὶ ἀδικίαν ἀνθρώπων τῶν τὴν ἀλήθειαν ἐν ἀδικίᾳ κατεχόντων,

하나님의 진노가 불의로 진리를 가로막는 사람들의 불경건함과 불의함 위에 하늘로부터 나타나고 있다.

19절

διότι τὸ γνωστὸν τοῦ θεοῦ φανερόν ἐστιν ἐν αὐτοῖς· ὁ θεὸς γὰρ αὐτοῖς ἐφανέρωσεν.

왜냐하면 하나님을 알 수 있는 것이 그들 속에 드러나 있기 때문이다. 참으로 하나님께서는 그들에게 분명히 드러내셨다.

20절

τὰ γὰρ ἀόρατα αὐτοῦ ἀπὸ κτίσεως κόσμου τοῖς ποιήμασιν νοούμεν α καθορᾶται, ἥ τε ἀΐδιος αὐτοῦ δύναμις καὶ θειότης, εἰς τὸ εἶναι αὐτοὺς ἀναπολογήτους,

참으로 세계의 창조로부터 그분의 보이지 않는 것들, 곧 그분의 영원한
능력과 신성을 깨닫도록 피조물에게 분명히 나타나 있어서 사람들은
변명할 수 없게 되어 있다.

21절

διότι γνόντες τὸν θεὸν οὐχ ὡς θεὸν ἐδόξασαν ἢ ηὐχαρίστησαν, ἀλλ᾽
ἐματαιώθησαν ἐν τοῖς διαλογισμοῖς αὐτῶν καὶ ἐσκοτίσθη ἡ ἀσύνετος
αὐτῶν καρδία.

그러므로 그들은 하나님을 알면서도 그분을 영화롭게 하거나 감사하지
않고, 대신에 그들의 생각 속에서 허망하여지고 그들의 깨닫지 못하는
마음이 어두워졌다.

22절

φάσκοντες εἶναι σοφοὶ ἐμωράνθησαν

그들은 지혜롭다고 주장하지만 어리석게 되었다.

23절

καὶ ἤλλαξαν τὴν δόξαν τοῦ ἀφθάρτου θεοῦ ἐν ὁμοιώματι εἰκόνος
φθαρτοῦ ἀνθρώπου καὶ πετεινῶν καὶ τετραπόδων καὶ ἑρπετῶν.

그리고 그들은 썩지 않는 하나님의 영광을 썩어 없어질 사람이나 새나
네발짐승이나 기어다니는 것들의 형상으로 바꾸었다.

24절

Διὸ παρέδωκεν αὐτοὺς ὁ θεὸς ἐν ταῖς ἐπιθυμίαις τῶν καρδιῶν αὐτῶν εἰς ἀκαθαρσίαν τοῦ ἀτιμάζεσθαι τὰ σώματα αὐτῶν ἐν αὐτοῖς·

그러므로 하나님께서는 그들 마음의 욕망 속에서 자기들의 몸을 욕되게 하도록 그들을 더러움 속으로 넘겨주셨다.

25절

οἵτινες μετήλλαξαν τὴν ἀλήθειαν τοῦ θεοῦ ἐν τῷ ψεύδει καὶ ἐσεβάσθησαν καὶ ἐλάτρευσαν τῇ κτίσει παρὰ τὸν κτίσαντα, ὅς ἐστιν εὐλογητὸς εἰς τοὺς αἰῶνας, ἀμήν.

그들은 하나님의 진리를 거짓으로 바꾸고 하나님 대신에 피조물을 예배하고 섬겼으니, 하나님은 영원히 찬양받으실 분이다. 아멘.

26절

Διὰ τοῦτο παρέδωκεν αὐτοὺς ὁ θεὸς εἰς πάθη ἀτιμίας, αἵ τε γὰρ θήλειαι αὐτῶν μετήλλαξαν τὴν φυσικὴν χρῆσιν εἰς τὴν παρὰ φύσιν,

이 때문에 하나님께서는 그들을 욕된 열정 속으로 넘겨주셨다. 그래서 여자들은 그들의 자연적인 관계를 본성을 떠난 관계로 바꾸었다.

27절

ὁμοίως τε καὶ οἱ ἄρσενες ἀφέντες τὴν φυσικὴν χρῆσιν τῆς θηλείας ἐξεκαύθησαν ἐν τῇ ὀρέξει αὐτῶν εἰς ἀλλήλους, ἄρσενες ἐν ἄρσεσιν τὴν ἀσχημοσύνην κατεργαζόμενοι καὶ τὴν ἀντιμισθίαν ἣν ἔδει τῆς πλάνης αὐτῶν ἐν ἑαυτοῖς ἀπολαμβάνοντες.

마찬가지로 남자도 여자와의 자연적인 관계를 버리고 서로를 향한 그들의 욕정 속에서 불태워졌으니, 남자가 남자 속에서 부끄러운 짓을 저지르고 그들의 방황에 합당한 대가를 자기 안에 받고 있다.

28절

Καὶ καθὼς οὐκ ἐδοκίμασαν τὸν θεὸν ἔχειν ἐν ἐπιγνώσει, παρέδωκεν αὐτοὺς ὁ θεὸς εἰς ἀδόκιμον νοῦν, ποιεῖν τὰ μὴ καθήκοντα,

그리고 그들이 하나님을 인식 속에 가지려고 시도하지 않았으므로, 하나님께서는 그들을 실격 처리된 생각 속으로 넘겨버리셔서 합당하지 않은 일들을 행하게 하셨으니,

29절

πεπληρωμένους πάσῃ ἀδικίᾳ πονηρίᾳ πλεονεξίᾳ κακίᾳ, μεστοὺς φθόνου φόνου ἔριδος δόλου κακοηθείας, ψιθυριστὰς

그들은 모든 불의, 악, 탐욕, 악독함으로 가득한 자들이요 시기, 살인, 다툼, 속임수, 악의로 가득한 자들이요 중상모략하는 자들이요,

30절

καταλάλους θεοστυγεῖς ὑβριστὰς ὑπερηφάνους ἀλαζόνας, ἐφευρετὰς κακῶν, γονεῦσιν ἀπειθεῖς,

험담하는 자들이요, 하나님을 증오하는 자들이요, 폭행하는 자들이요,
교만한 자들이요, 떠벌이는 자들이요, 악을 발명하는 자들이요, 부모에
게 불순종하는 자들이요,

31절

ἀσυνέτους ἀσυνθέτους ἀστόργους ἀνελεήμονας·
어리석은 자들이요, 약속을 지키지 않는 자들이요, 무정한 자들이요,
무자비한 자들이다.

32절

οἵτινες τὸ δικαίωμα τοῦ θεοῦ ἐπιγνόντες ὅτι οἱ τὰ τοιαῦτα πράσσον
τες ἄξιοι θανάτου εἰσίν, οὐ μόνον αὐτὰ ποιοῦσιν ἀλλὰ καὶ συνευδοκοῦ
σιν τοῖς πράσσουσιν.
그들은 이러한 것을 저지르는 자들은 죽음에 합당하다는 하나님의 법령
을 알고 있으면서도 똑같은 짓들을 행할 뿐 아니라 행하는 자들에게 동조
하고 있다.

해설

    바울은 하나님을 떠난 인간 실존의 구제 불능하고 참혹한 모습을 폭로하고 있다. 인간은 자신의 힘으로는 하나님의 의에 도달하기는 커녕 오히려 걷잡을 수 없는 파멸의 구덩이로 끌려간다. 인간은 우주 만물 속에 계시되어 있는 하나님의 지혜와 능력과 영광을 알면서도 하나님을 영화롭게 하는 대신 썩어 없어질 피조물에게 절하고 섬기는 어리석은 짓을 행한다. 그 결과 하나님께서는 그들이 더러운 욕망 속에서 자기 자신을 마음껏 더럽히도록 온갖 욕된 생각과 행동에 넘겨 버리신다. 그들의 고삐 풀린 욕정은 마침내 완전한 타락의 상태로 떨어지게 된다.

    이로써 인간이 자기 자신을 구원하기 위한 모든 철학적, 종교적 노력은 비참하게 실패한다. 그중에는 유대교 율법도 포함된다. 인간은 자신의 힘으로는 자기를 구원할 수 없다.

    바울은 구원이라는 말 대신에 하나님의 의라는 말을 쓰고 있다. 그것은 요한에게는 영원한 생명, 공관복음서에서는 하나님 나라다.

하나님의 공정한 심판

로마서 2:1-16

1절

Διὸ ἀναπολόγητος εἶ, ὦ ἄνθρωπε πᾶς ὁ κρίνων· ἐν ᾧ γὰρ κρίνεις τὸν ἕτερον, σεαυτὸν κατακρίνεις, τὰ γὰρ αὐτὰ πράσσεις ὁ κρίνων.

그러므로 당신은 변명할 수 없다, 판단하는 모든 사람아. 왜냐하면 당신이 다른 사람을 판단하는 그 속에서 당신 자신을 정죄하고 있기 때문이다. 참으로 판단하는 당신이 똑같은 짓을 저지르고 있다.

2절

οἴδαμεν δὲ ὅτι τὸ κρίμα τοῦ θεοῦ ἐστιν κατὰ ἀλήθειαν ἐπὶ τοὺς τὰ τοιαῦτα πράσσοντας.

그러나 우리는 하나님의 심판이 진리를 따라 이러한 일을 저지르는 자들 위에 있다는 것을 알고 있다.

3절

λογίζῃ δὲ τοῦτο, ὦ ἄνθρωπε ὁ κρίνων τοὺς τὰ τοιαῦτα πράσσοντας καὶ ποιῶν αὐτά, ὅτι σὺ ἐκφεύξῃ τὸ κρίμα τοῦ θεοῦ;

그런데 이러한 일을 저지르는 자들을 판단하면서 똑같은 짓들을 행하고
있는 사람아, 당신은 하나님의 심판을 피할 것이라고 생각하는가?

4절

ἢ τοῦ πλούτου τῆς χρηστότητος αὐτοῦ καὶ τῆς ἀνοχῆς καὶ τῆς μακρ
οθυμίας καταφρονεῖς, ἀγνοῶν ὅτι τὸ χρηστὸν τοῦ θεοῦ εἰς μετάνοιάν
σε ἄγει;

아니면 당신은 하나님의 인자하심이 당신을 회개로 이끄신다는 것을
모르고, 그분의 인자하심과 용납하심과 오래 참으심의 풍성함을 멸시하
고 있는가?

5절

κατὰ δὲ τὴν σκληρότητά σου καὶ ἀμετανόητον καρδίαν θησαυρίζει
ς σεαυτῷ ὀργὴν ἐν ἡμέρᾳ ὀργῆς καὶ ἀποκαλύψεως δικαιοκρισίας τοῦ
θεοῦ

그런데 당신은 당신의 완악함과 회개하지 않는 마음을 따라 하나님의
진노와 의로운 심판의 날에 스스로 진노를 쌓아놓고 있으니

6절

ὃς ἀποδώσει ἑκάστῳ κατὰ τὰ ἔργα αὐτοῦ·

그분은 각자에게 그의 행위대로 갚을 것이다.

7절

τοῖς μὲν καθ᾽ ὑπομονὴν ἔργου ἀγαθοῦ δόξαν καὶ τιμὴν καὶ ἀφθαρσί

αν ζητοῦσιν ζωὴν αἰώνιον,

인내를 따라 선한 일의 영광과 존귀와 썩지 않는 것을 추구하는 자들에게

는 영원한 생명을.

8절

τοῖς δὲ ἐξ ἐριθείας καὶ ἀπειθοῦσιν τῇ ἀληθείᾳ πειθομένοις δὲ τῇ

ἀδικίᾳ ὀργὴ καὶ θυμός.

그러나 경쟁심을 품고 진리에 불순종하며 불의에 설득당하는 자들에게

는 분노와 진노를.

9절

θλῖψις καὶ στενοχωρία ἐπὶ πᾶσαν ψυχὴν ἀνθρώπου τοῦ κατεργαζο

μένου τὸ κακόν, Ἰουδαίου τε πρῶτον καὶ Ἕλληνος·

악독한 짓을 자행하는 사람의 모든 영혼 위에는 압박과 답답함을, 먼저는

유대인의 그리고 헬라인의.

10절

δόξα δὲ καὶ τιμὴ καὶ εἰρήνη παντὶ τῷ ἐργαζομένῳ τὸ ἀγαθόν, Ἰουδα

ίῳ τε πρῶτον καὶ Ἕλληνι·

그러나 선을 행하는 모든 자에게는 영광과 존귀와 평화를, 먼저는 유대인

에게 그리고 헬라인에게.

11절

οὐ γάρ ἐστιν προσωπολημψία παρὰ τῷ θεῷ.

왜냐하면 하나님에게는 얼굴 취함이 없기 때문이다.

12절

Ὅσοι γὰρ ἀνόμως ἥμαρτον, ἀνόμως καὶ ἀπολοῦνται, καὶ ὅσοι ἐν νόμῳ ἥμαρτον, διὰ νόμου κριθήσονται·

참으로 법 없이 죄짓는 자들은 법 없이 망하고, 법 안에서 죄짓는 자들은 법을 통해 심판받을 것이다.

13절

οὐ γὰρ οἱ ἀκροαταὶ νόμου δίκαιοι παρὰ τῷ θεῷ, ἀλλ᾽ οἱ ποιηταὶ νόμου δικαιωθήσονται.

왜냐하면 율법의 청취자들이 하나님께 의로운 자들이 아니고, 율법의 행위자들이 의롭다함을 받게 될 것이기 때문이다.

14절

ὅταν γὰρ ἔθνη τὰ μὴ νόμον ἔχοντα φύσει τὰ τοῦ νόμου ποιῶσιν, οὗτοι νόμον μὴ ἔχοντες ἑαυτοῖς εἰσιν νόμος·

참으로 율법을 갖지 않은 이방인들이 본성으로 율법의 일을 행할 때,

율법을 갖지 않은 이 사람들은 스스로에게 율법이 된다.

15절

οἵτινες ἐνδείκνυνται τὸ ἔργον τοῦ νόμου γραπτὸν ἐν ταῖς καρδίαις αὐτῶν, συμμαρτυρούσης αὐτῶν τῆς συνειδήσεως καὶ μεταξὺ ἀλλήλων τῶν λογισμῶν κατηγορούντων ἢ καὶ ἀπολογουμένων,

그들은 그들의 마음속에 기록된 율법의 행위를 보여주는데, 그들의 양심이 함께 증거하고 생각들 사이에서 서로 고발하기도 하고 혹은 변명하기도 한다.

16절

ἐν ἡμέρᾳ ὅτε κρίνει ὁ θεὸς τὰ κρυπτὰ τῶν ἀνθρώπων κατὰ τὸ εὐαγγέλιόν μου διὰ Χριστοῦ Ἰησοῦ.

하나님께서 그리스도 예수를 통하여 나의 복음을 따라 사람들의 숨겨진 것들을 심판하시는 날에.

해설

　바울의 하나님은 사람의 얼굴을 봐주지 않고 모든 사람을 공평하게 심판하시는 공의의 하나님이시다. 유대인이나 헬라인이나 각자 그들의 행위대로, 유대인들은 율법을 따라 이방인들은 그들의 양심의 법에 따라 하나님 앞에서 공평한 심판을 받는다. 유대인과 이방인들 사이의 차별은 제거된다.

　이것은 유대교 입장에서는 받아들일 수 없는 사상이다. 왜냐하면 유대교 율법과 유대 민족의 우월성이 무너지기 때문이다. 그러나 이것을 통해 유대 민족이 소유하고 전승해온 하나님의 진리는 유대 민족주의의 장벽을 부수고 온 세상을 향해 전진한다. 그런 점에서 바울은 신학의 혁명을 일으킨 사람이다.

　바울은 유대 율법과 헬라 철학의 역할과 한계 모두를 비판적으로 바라보고 있다. 그러므로 바울의 글을 이해하기 위해서는 유대교 율법과 헬라 철학에 대한 지식이 필요하다.

영적 유대인과 할례

로마서 2:17-29

17절

Εἰ δὲ σὺ Ἰουδαῖος ἐπονομάζῃ καὶ ἐπαναπαύῃ νόμῳ καὶ καυχᾶσαι ἐν θεῷ

확실히 당신은 유대인으로 불리고 율법을 의지하고 하나님을 자랑하고

18절

καὶ γινώσκεις τὸ θέλημα καὶ δοκιμάζεις τὰ διαφέροντα κατηχούμενος ἐκ τοῦ νόμου,

뜻을 알고 율법으로부터 배워서 보다 나은 것을 분별하고,

19절

πέποιθάς τε σεαυτὸν ὁδηγὸν εἶναι τυφλῶν, φῶς τῶν ἐν σκότει,

자신을 눈먼 자들의 길잡이요, 어둠 속에 있는 자들의 빛이요,

20절

παιδευτὴν ἀφρόνων, διδάσκαλον νηπίων, ἔχοντα τὴν μόρφωσιν τῆς γνώσεως καὶ τῆς ἀληθείας ἐν τῷ νόμῳ·

어리석은 자들의 훈계자요, 어린아이들의 선생이요, 율법 안에서 지식과 진리의 모양을 가지고 있다고 확신하고 있다.

21절

ὁ οὖν διδάσκων ἕτερον σεαυτὸν οὐ διδάσκεις; ὁ κηρύσσων μὴ κλέπτ ειν κλέπτεις;

그러므로 남을 가르치는 사람이 자기 자신은 가르치지 않느냐? 도둑질하지 말라고 선포하는 사람인 당신이 도둑질하느냐?

22절

ὁ λέγων μὴ μοιχεύειν μοιχεύεις; ὁ βδελυσσόμενος τὰ εἴδωλα ἱεροσ υλεῖς;

간음하지 말라고 말하는 당신이 간음하느냐? 우상들을 가증스럽게 여기는 당신이 성전을 약탈하느냐?

23절

ὃς ἐν νόμῳ καυχᾶσαι, διὰ τῆς παραβάσεως τοῦ νόμου τὸν θεὸν ἀτιμ άζεις·

율법을 자랑하는 당신이 율법을 범함으로 하나님을 욕되게 하느냐?

24절

τὸ γὰρ ὄνομα τοῦ θεοῦ δι᾽ ὑμᾶς βλασφημεῖται ἐν τοῖς ἔθνεσιν, καθὼς γέγραπται.

참으로 "하나님의 이름이 너희들 때문에 이방인 가운데에서 비방을 받고 있다"라고 기록된 바와 같다.

25절

Περιτομὴ μὲν γὰρ ὠφελεῖ ἐὰν νόμον πράσσῃς· ἐὰν δὲ παραβάτης νόμου ᾖς, ἡ περιτομή σου ἀκροβυστία γέγονεν.

그러므로 당신이 율법을 행하면 당신의 할례는 유익이 있다. 그러나 만약 당신이 율법을 범하는 자이면, 당신의 할례는 이미 껍질이 된 것이다.

26절

ἐὰν οὖν ἡ ἀκροβυστία τὰ δικαιώματα τοῦ νόμου φυλάσσῃ, οὐχ ἡ ἀκροβυστία αὐτοῦ εἰς περιτομὴν λογισθήσεται;

그러므로 만약 껍질이 율법의 법령들을 지키면, 그의 껍질은 할례로 간주될 것이 아니냐?

27절

καὶ κρινεῖ ἡ ἐκ φύσεως ἀκροβυστία τὸν νόμον τελοῦσα σὲ τὸν διὰ γράμματος καὶ περιτομῆς παραβάτην νόμου.

그리고 본성으로 율법을 성취한 껍질이 글자와 할례를 통해 율법을 범한 당신을 심판한다.

28절

ου γαρ ό εν τω φανερω Ιουδαίος εστιν ουδέ ή εν τω φανερω εν σαρκι
περιτομή,

참으로 겉으로 드러난 사람이 유대인이 아니고 또한 육체 안에 겉으로
드러난 것이 할례가 아니고,

29절

ἀλλ᾽ ὁ ἐν τῷ κρυπτῷ Ἰουδαῖος, καὶ περιτομὴ καρδίας ἐν πνεύματι
οὐ γράμματι, οὗ ὁ ἔπαινος οὐκ ἐξ ἀνθρώπων ἀλλ᾽ ἐκ τοῦ θεοῦ.

대신에 숨겨져 있는 자가 유대인이요, 마음의 할례는 영에 있고 글자에
있지 않다. 그의 자랑은 사람들로부터가 아니라 하나님께로부터 있다.

해설

　하나님 앞에서 유대인의 특권은 인정되지 않는다. 율법을 지키지 않으면 유대인의 신분도 할례도 아무런 의미가 없다. 오히려 하나님의 명예는 하나님의 백성들 때문에 모욕당한다.

　참유대인은 보이지 않는 영적 유대인이고, 참할례는 보이지 않는 마음의 영적 할례다. 민족적 혈통으로서의 유대인이 아닌 영적 유대인, 육체적 표시로서의 할례가 아닌 영적 할례를 통해 이방인들은 민족적 혈통이나 종교적 전통과 관계없이 예수 그리스도를 믿는 믿음으로 하나님의 의의 세계로 들어가는 보편적 구원의 길이 열리게 된다. 이것이 바울이 일으킨 신학 혁명의 본질이다.

　나사렛 예수가 종말론적 반체제 혁명가였다면, 바울은 예수 그리스도 안에 있는 보편적 구원을 외친 신학 혁명가였다.

역사의 하나님

로마서 3:1-8

1절

Τί οὖν τὸ περισσὸν τοῦ Ἰουδαίου ἢ τίς ἡ ὠφέλεια τῆς περιτομῆς;

그러면 유대인의 나은 것은 무엇이며 혹은 할례의 유익은 무엇인가?

2절

πολὺ κατὰ πάντα τρόπον. πρῶτον μὲν γὰρ ὅτι ἐπιστεύθησαν τὰ λόγια τοῦ θεοῦ.

모든 형태로 많다. 먼저 그들이 하나님의 말씀을 위탁받았다는 것이다.

3절

τί γάρ; εἰ ἠπίστησάν τινες, μὴ ἡ ἀπιστία αὐτῶν τὴν πίστιν τοῦ θεοῦ καταργήσει;

그러면 무엇이냐? 만약 어떤 사람들이 믿지 않았다면, 그들의 불신앙이 하나님의 성실성을 폐지할 것이냐?

4절

μὴ γένοιτο· γινέσθω δὲ ὁ θεὸς ἀληθής, πᾶς δὲ ἄνθρωπος ψεύστης, καθὼς γέγραπται·

ὅπως ἂν δικαιωθῇς ἐν τοῖς λόγοις σου

καὶ νικήσεις ἐν τῷ κρίνεσθαί σε.

그럴 수 없다. 하나님은 진실하시고 모든 인간은 거짓말쟁이라 하라. 이것은 "당신께서는 당신의 말씀들 속에서 의롭다하심을 받고 당신이 판단 받는 중에 당신은 승리할 것입니다"라고 기록된 바와 같다.

5절

εἰ δὲ ἡ ἀδικία ἡμῶν θεοῦ δικαιοσύνην συνίστησιν, τί ἐροῦμεν; μὴ ἄδικος ὁ θεὸς ὁ ἐπιφέρων τὴν ὀργήν; κατὰ ἄνθρωπον λέγω.

만약 우리의 불의가 하나님의 의를 세운다면, 우리는 무엇을 말할 것이냐? 진노를 가져오시는 하나님이 불의하시다는 것이냐? 나는 사람들을 따라서 말하고 있다.

6절

μὴ γένοιτο· ἐπεὶ πῶς κρινεῖ ὁ θεὸς τὸν κόσμον;

그럴 수 없다. 그렇다면 하나님께서 어떻게 세상을 심판하시겠는가?

7절

εἰ δὲ ἡ ἀλήθεια τοῦ θεοῦ ἐν τῷ ἐμῷ ψεύσματι ἐπερίσσευσεν εἰς τὴν δόξαν αὐτοῦ, τί ἔτι κἀγὼ ὡς ἁμαρτωλὸς κρίνομαι;

그러나 만약 하나님의 진리가 나의 거짓말 속에서 그분의 영광을 위하여
풍성했다면, 어찌하여 여전히 나도 죄인으로 판단 받아야 하는가?

8절

καὶ μὴ καθὼς βλασφημούμεθα καὶ καθώς φασίν τινες ἡμᾶς λέγειν
ὅτι ποιήσωμεν τὰ κακά, ἵνα ἔλθῃ τὰ ἀγαθά; ὧν τὸ κρίμα ἔνδικόν ἐστιν.

그러면 어떤 사람들이 "선한 것들이 오게 하기 위하여 우리가 악독한
일들을 행하자"라고 우리가 말하고 있다고 주장하듯이, 우리도 그렇게
비방을 당하지 않겠는가? 그들의 심판은 마땅하다.

해설

바울은 반복하여 인간의 불신앙과 하나님의 성실성, 인간의 불의와 하나님의 의, 인간의 거짓됨과 하나님의 진실하심을 대비시킨다. 하나님의 성실성은 인간의 불신앙과 관계없이 영원하고, 하나님의 진실하심은 인간의 거짓됨에 관계없이 영원하다. 그리고 하나님은 인간의 주관적 상태와 관계없이 영원히 거룩하고 의로우신 분이다.

하나님의 말씀을 위탁받은 유대인들의 거짓됨과 불성실함에도 불구하고 하나님은 영원히 진실하고 성실하시다. 그러나 하나님의 진실성과 성실성은 이스라엘 백성과의 역사적 관계 속에서 검증된다.

하나님의 진실성과 성실성은 저 높은 하늘 보좌에서 선포된 독단적인 명령이 아니라 자기 백성들과의 역사적 관계 속에서 선포된 말씀 속에서, 그리고 그분이 자신이 백성들에 의해 판단 받는 상대적 관계 속에서 검증되고 최종적 승리를 거둔다.

하나님의 진실성은 인간의 거짓됨 속에서 더욱 빛나고, 하나님의 성실성은 인간의 불신앙 속에서 더욱 견고해진다. 하나님의 진실성과 성실성은 변증법적 과정을 통해 역사적으로 전개되고 확장된다.

이스라엘의 하나님은 인간들과의 변증법적 관계 속에서 자신의 거룩함과 의로움을 계시하시는 역사의 하나님이시다. 이 관계성, 상대성, 역사성이 이스라엘 하나님의 본질적 특성이다.

그러므로 이스라엘의 신앙 역시 역사성을 잃어버리면 죽은 신앙이 된다. 이스라엘의 신앙은 역사적 신앙이다.

율법의 기능

로마서 3:9-20

9절

Τί οὖν; προεχόμεθα; οὐ πάντως· προῃτιασάμεθα γὰρ Ἰουδαίους τε καὶ Ἕλληνας πάντας ὑφ᾽ ἁμαρτίαν εἶναι,

그러므로 무엇이냐, 우리는 나으냐? 전혀 아니다. 우리는 앞서 유대인이나 헬라인이나 모든 사람이 죄 아래 있다고 이미 고발했다.

10절

καθὼς γέγραπται ὅτι

οὐκ ἔστιν δίκαιος οὐδὲ εἷς,

기록되기를

의인은 하나도 없으니,

11절

οὐκ ἔστιν ὁ συνίων,

οὐκ ἔστιν ὁ ἐκζητῶν τὸν θεόν.

깨닫는 자가 없고,

하나님을 열심히 찾는 자가 없다.

12절

πάντες ἐξέκλιναν ἅμα ἠχρεώθησαν·

οὐκ ἔστιν ὁ ποιῶν χρηστότητα,

[οὐκ ἔστιν] ἕως ἑνός.

모든 사람이 벗어났고 정녕 쓸모없게 되었다.

인자함을 행하는 자가 없으니,

하나도 [없다].

13절

τάφος ἀνεῳγμένος ὁ λάρυγξ αὐτῶν,

ταῖς γλώσσαις αὐτῶν ἐδολιοῦσαν,

ἰὸς ἀσπίδων ὑπὸ τὰ χείλη αὐτῶν·

그들의 목구멍은 열린 무덤이요,

그들의 혀로 속임수를 썼고,

그들의 입술 아래는 독사들의 독이로다.

14절

ὧν τὸ στόμα ἀρᾶς καὶ πικρίας γέμει,

그들의 입은 저주와 악독함으로 가득 차 있고,

15절

ὀξεῖς οἱ πόδες αὐτῶν ἐκχέαι αἷμα,

그들의 발은 피를 흘리기에 날쌔고,

16절

σύντριμμα καὶ ταλαιπωρία ἐν ταῖς ὁδοῖς αὐτῶν,

그들의 길에는 파멸과 참혹함이 있고,

17절

καὶ ὁδὸν εἰρήνης οὐκ ἔγνωσαν.

그들은 평화의 길을 알지 못했다.

18절

οὐκ ἔστιν φόβος θεοῦ ἀπέναντι τῶν ὀφθαλμῶν αὐτῶν.

그들의 눈앞에는 하나님을 무서워함이 없다.

19절

οἴδαμεν δὲ ὅτι ὅσα ὁ νόμος λέγει τοῖς ἐν τῷ νόμῳ λαλεῖ, ἵνα πᾶν στόμα φραγῇ καὶ ὑπόδικος γένηται πᾶς ὁ κόσμος τῷ θεῷ·

그런데 우리는 알고 있다. 율법이 말하는 것은 율법 안에 있는 자들에게 이야기하고 있는 것인데, 이는 모든 입이 다물어지고 온 세상이 하나님께 심판받아 마땅하게 하기 위함이라는 것을.

20절

διότι ἐξ ἔργων νόμου οὐ δικαιωθήσεται πᾶσα σὰρξ ἐνώπιον αὐτοῦ,
διὰ γὰρ νόμου ἐπίγνωσις ἁμαρτίας.

그러므로 율법의 행위들로는 모든 육체가 하나님 앞에서 의롭게 되지
못할 것이다. 왜냐하면 율법을 통해서는 죄의 인식이 (있을 뿐이기 때문
이다).

해설

　여기서 '우리'는 절망적인 실존의 상태에 빠진 유대인들을 가리킨다. 그들은 엄청난 민족적 자부심을 가진 사람들이다. 그러나 그들은 이방인보다 나은 것이 하나도 없다. 오히려 율법을 통한 죄의 인식은 그들을 더욱더 깊은 절망 속으로 몰고 간다. 율법과 할례는 그들을 구원하지 못한다.

　그들은 율법을 통해 죄가 무엇인지 알지만, 육체의 연약함 때문에 죄를 이기지 못하고 속수무책으로 죄의 힘에 끌려다니는 자신의 비참한 모습을 본다. 그것은 이미 구약성서 에스겔서 16장에 음녀로 타락한 예루살렘으로 생생하게 묘사되어 있다.

　유대인의 율법으로도 헬라인의 철학으로도 인간은 구원받지 못한다. 구원은 오직 하나님께로부터 오직 은혜로 온다.

하나님의 의 (2)

로마서 3:21-31

21절

Νυνὶ δὲ χωρὶς νόμου δικαιοσύνη θεοῦ πεφανέρωται μαρτυρουμένη ὑπὸ τοῦ νόμου καὶ τῶν προφητῶν,

그런데 지금 율법을 떠나서 율법과 예언자들에 의해 증거를 받는 하나님의 의가 나타났다.

22절

δικαιοσύνη δε θεού δια πιστεως Ιησού Χριστού εις παντας τούς πιστευοντας, ου γαρ διαστολή.

그런데 (그것은) 예수 그리스도를 믿는 믿음을 통하여 모든 믿는 자들에게 향하는 하나님의 의다. 그러므로 차별이 없다.

23절

πάντες γὰρ ἥμαρτον καὶ ὑστεροῦνται τῆς δόξης τοῦ θεοῦ

왜냐하면 모든 사람이 죄를 지었고 하나님의 영광에 미치지 못하고 있기 때문이다.

24절

δικαιούμενοι δωρεὰν τῇ αὐτοῦ χάριτι διὰ τῆς ἀπολυτρώσεως τῆς ἐν Χριστῷ Ἰησοῦ·

우리는 그분의 은혜로 그리스도 예수 안에 있는 구속을 통하여 값없이 의롭게 된다.

25절

ὃν προέθετο ὁ θεὸς ἱλαστήριον διὰ τῆς πίστεως ἐν τῷ αὐτοῦ αἵματι εἰς ἔνδειξιν τῆς δικαιοσύνης αὐτοῦ διὰ τὴν πάρεσιν τῶν προγεγονότων ἁμαρτημάτων

그를 하나님께서 믿음을 통한 화목제물로 미리 세우신 것은 그의 피 안에 서 자기의 의를 나타내어 이미 전에 있었던 죄들을 눈감아 주기 위함이다.

26절

ἐν τῇ ἀνοχῇ τοῦ θεοῦ, πρὸς τὴν ἔνδειξιν τῆς δικαιοσύνης αὐτοῦ ἐν τῷ νῦν καιρῷ, εἰς τὸ εἶναι αὐτὸν δίκαιον καὶ δικαιοῦντα τὸν ἐκ πίστεως Ἰησοῦ.

그것은 하나님의 용납하심 속에서 지금 이때에 자기의 의를 나타내기 위함인데, 자신이 의로운 분이시며 또한 예수를 믿음으로 난 자를 의롭다 고 하시는 분임을 나타내려는 것이다.

27절

Ποῦ οὖν ἡ καύχησις; ἐξεκλείσθη. διὰ ποίου νόμου; τῶν ἔργων; οὐχί, ἀλλὰ διὰ νόμου πίστεως.

그러므로 자랑이 어디 있느냐? 그것은 쫓겨났다. 어떤 율법을 통해서냐? 행위들을 통해서냐? 아니다. 반대로 믿음의 법을 통해서다.

28절

λογιζόμεθα γὰρ δικαιοῦσθαι πίστει ἄνθρωπον χωρὶς ἔργων νόμου.

참으로 우리는 사람이 율법의 행위들을 떠나서 믿음으로 의롭게 된다고 생각한다.

29절

ἢ Ἰουδαίων ὁ θεὸς μόνον; οὐχὶ καὶ ἐθνῶν; ναὶ καὶ ἐθνῶν,

혹은 유대인들만의 하나님이시냐? 아니면 이방인들의 하나님이시기도 하느냐? 그렇다. 이방인들의 하나님이시기도 하다.

30절

εἴπερ εἷς ὁ θεὸς ὃς δικαιώσει περιτομὴν ἐκ πίστεως καὶ ἀκροβυστί αν διὰ τῆς πίστεως.

왜냐하면 할례를 믿음으로 의롭게 하시고 또한 껍질도 믿음을 통해 의롭게 하실 하나님은 한 분이시기 때문이다.

31절

νόμον οὖν καταργοῦμεν διὰ τῆς πίστεως; μὴ γένοιτο· ἀλλὰ νόμον ἱστάνομεν.

그러므로 우리가 믿음을 통하여 율법을 폐지하느냐? 그럴 수 없다. 반대로 우리는 율법을 세운다.

해설

유대인이나 이방인이나 누구든지 예수 그리스도 안에서 믿음으로 하나님의 의를 얻는 보편적 구원의 길이 열렸다.

인간의 종교와 철학의 힘으로는 하나님의 의에 도달할 수 없다. 그러나 하나님은 자기 아들을 화목제물로 내어주심으로 기이하고 놀라운 방법으로 세상과 화해하신다. 더 이상 그 어떤 율법 조항이나 행위들에 머물지 않고 예수 그리스도를 믿음으로 하나님의 의의 선물을 받는다. 이 은혜는 하나님의 초월적인 아가페 사랑의 결과다. 이로써 하나님은 자신의 성실성과 사랑의 진실성을 입증한다. 이것이 하나님의 의다.

그러나 은혜로 얻은 하나님의 의는 우리에게 종말론적 미래의 희망으로 남아있다. 왜냐하면 아직도 우리는 죄의 몸속에 거하고 있기 때문이다. 하나님의 의, 하나님의 나라, 영원한 생명, 몸의 구속은 예수 그리스도를 믿는 자들에게 주시는 종말론적 희망의 약속이다. 그것은 우리에게 완성된 형태로 주어진 것이 아니다. 그것은 우리의 종말론적 희망의 목표로 남아있다.

하나님께서 행하시는 모든 일들은 자신의 영원한 영광을 계시하시기 위한 것이다. 하나님께서는 만물의 창조를 통해 자신의 지혜와 능력을 계시하셨다. 그리고 예수 그리스도의 구속을 통해서 자신의 피조 세계를 향한 성실함과 진실함을 계시하셨다.

하나님께서는 모든 것을 통하여 영광을 받으시는 영원한 영광의 본체이시다. 누구든지 예수 그리스도를 믿으면 하나님의 의와 생명에 들어갈 수 있는 것은 이 세상을 향한 하나님의 사랑의 성실함 때문이다.

아브라함이 얻은 것

로마서 4:1-12

1절

Τί οὖν ἐροῦμεν εὑρηκέναι Ἀβραὰμ τὸν προπάτορα ἡμῶν κατὰ σάρκα;

그러므로 우리가 육신을 따라 우리의 조상인 아브라함이 무엇을 얻었다고 말할 것이냐?

2절

εἰ γὰρ Ἀβραὰμ ἐξ ἔργων ἐδικαιώθη, ἔχει καύχημα, ἀλλ᾽ οὐ πρὸς θεόν.

만약 아브라함이 행위로 의롭게 여겨졌다면, 그는 자랑할 것이 있다. 그러나 하나님을 향하여서는 없다.

3절

τί γὰρ ἡ γραφὴ λέγει; ἐπίστευσεν δὲ Ἀβραὰμ τῷ θεῷ καὶ ἐλογίσθη αὐτῷ εἰς δικαιοσύνην.

그러므로 성경이 무엇을 말하는가? "아브라함이 하나님을 믿었고 그것이 그에게 의로 여겨졌다."

4절

τῷ δὲ ἐργαζομένῳ ὁ μισθὸς οὐ λογίζεται κατὰ χάριν ἀλλὰ κατὰ ὀφεί
λημα,

그런데 일하는 사람에게 품삯은 은혜로 여겨지지 않고 대신에 빚으로
여겨진다.

5절

τῷ δὲ μὴ ἐργαζομένῳ πιστεύοντι δὲ ἐπὶ τὸν δικαιοῦντα τὸν ἀσεβῆ
λογίζεται ἡ πίστις αὐτοῦ εἰς δικαιοσύνην·

그런데 일하지 않는 자 곧 불경건한 자를 의롭게 하시는 분을 믿는 자에게
는 그의 믿음이 의로 여겨진다.

6절

καθάπερ καὶ Δαυὶδ λέγει τὸν μακαρισμὸν τοῦ ἀνθρώπου ᾧ ὁ θεὸς
λογίζεται δικαιοσύνην χωρὶς ἔργων·

마찬가지로 다윗도 하나님께서 행위 없이 의를 인정해주시는 사람의
행복을 말하고 있다.

7절

μακάριοι ὧν ἀφέθησαν αἱ ἀνομίαι

καὶ ὧν ἐπεκαλύφθησαν αἱ ἁμαρτίαι·

"불법을 용서받은 사람들과 죄가 가리어진 사람들은 행복하다.

8절

μακάριος ἀνὴρ οὗ οὐ μὴ λογίσηται κύριος ἁμαρτίαν.

주님께서 죄를 결코 인정하지 않는 사람은 행복하다."

9절

Ὁ μακαρισμὸς οὖν οὗτος ἐπὶ τὴν περιτομὴν ἢ καὶ ἐπὶ τὴν ἀκροβυστ
ίαν; λέγομεν γάρ· ἐλογίσθη τῷ Ἀβραὰμ ἡ πίστις εἰς δικαιοσύνην.

그러므로 이 행복이 할례 때냐 아니면 껍질 때냐? 그러므로 우리는
"그 믿음이 아브라함에게 의로 여겨졌다"라고 말한다.

10절

πῶς οὖν ἐλογίσθη; ἐν περιτομῇ ὄντι ἢ ἐν ἀκροβυστίᾳ; οὐκ ἐν περιτο
μῇ ἀλλ᾽ ἐν ἀκροβυστίᾳ·

그러므로 어떻게 여겨졌느냐? 할례 안에 있는 자에게냐 아니면 껍질 안에
있는 자에게냐? 할례 상태가 아니라 껍질 상태였다.

11절

καὶ σημεῖον ἔλαβεν περιτομῆς σφραγῖδα τῆς δικαιοσύνης τῆς πίστ
εως τῆς ἐν τῇ ἀκροβυστίᾳ, εἰς τὸ εἶναι αὐτὸν πατέρα πάντων τῶν πιστευ

ὄντων δι' ἀκροβυστίας, εἰς τὸ λογισθῆναί καὶ αὐτοῖς τὴν δικαιοσύνην,

그리고 그가 껍질 상태로 있을 때 믿음의 의의 인증으로 할례의 표를 받은 것은 그가 껍질 때에 믿는 모든 사람의 조상이 되고, 그들에게 의가 인정되게 하려는 것이다.

12절

καὶ πατέρα περιτομῆς τοῖς οὐκ ἐκ περιτομῆς μόνον ἀλλὰ καὶ τοῖς στοιχοῦσιν τοῖς ἴχνεσιν τῆς ἐν ἀκροβυστίᾳ πίστεως τοῦ πατρὸς ἡμῶν Ἀβραάμ.

그리고 그가 단지 할례받은 자들에게뿐 아니라, 껍질 상태였던 우리 조상 아브라함의 믿음의 발자취를 따라가는 사람들에게도 할례의 조상이 되게 하려 함이다.

해설

아브라함이 여호와 하나님께 의롭다 인정을 받은 것은 여호와의 말씀을 따라간 그의 믿음 때문이었다. 그 믿음이 여호와께 의로 여겨졌고, 그 의로 인정받은 표로 할례를 받게 된다. 그러므로 하나님의 의를 얻는 것은 할례와는 아무 상관이 없는 것이다.

하나님의 의는 할례라는 종교적 의식을 통한 육체의 흔적으로 얻을 수 있는 것이 아니다. 그것은 하나님의 말씀을 사랑하고 신뢰하는 사람에게 주시는 하나님의 선물이다.

아브라함은 단호하게 세상 줄을 끊어버리고 여호와의 말씀을 따라간다. 그는 이미 여호와의 말씀 안에서 죽은 사람이다. 아브라함은 매일매일 자기 십자가를 짊어지고 죽음의 길을 걸어간다.

여호와 하나님께서는 아브라함의 믿음을 보시고 그에게 하나님의 의를 선물로 주신다. 그것은 하나님의 말씀 안에서 죽음의 길을 가고 있는 아브라함에게 주신 부활의 약속이다. 하나님께서 아브라함에게 주신 의는 바로 하나님 자신이다. 하나님의 의 속에는 하나님의 성품과 명예와 모든 영광이 들어 있다.

하나님의 의는 하나님과 의리로 뭉쳐지는 인격적 관계다. 여호와 하나님께서는 아브라함에게 자신의 의를 주심으로 그와 영원한 인격적 사랑의 관계를 맺으신 것이다. 그러므로 하나님의 의는 하나님의 종말론적 희망의 약속이다. 그 약속으로 인해 아브라함은 천지 만물을 창조하시고 다스리시는 하나님의 친구가 되는 영원한 영광으로 들어갈 수 있었다.

인간이 하나님과 친구가 되는 것은 인간의 종교나 철학으로 될 수 있는 것이 아니다. 그것은 말씀 안에서 죽었던 아브라함과 같은 믿음을 통해서만 들어갈 수 있는 하나님의 부활의 세계다. 그러므로 하나님의 의는 장차 하나님 나라에서 하나님과 함께 영원한 인격적 사랑의 관계 속에서 하나님과 함께 모든 것을 나누게 될 것이라는 종말론적 희망의 약속이다.

아브라함의 부활 신앙

로마서 4:13-25

13절

Οὐ γὰρ διὰ νόμου ἡ ἐπαγγελία τῷ Ἀβραὰμ ἢ τῷ σπέρματι αὐτοῦ,
τὸ κληρονόμον αὐτὸν εἶναι κόσμου, ἀλλὰ διὰ δικαιοσύνης πίστεως.

참으로 아브라함이나 그의 후손에게 약속, 곧 그가 세계의 상속자가 되는
것은, 율법을 통해서가 아니라 대신에 믿음의 의를 통해서다.

14절

εἰ γὰρ οἱ ἐκ νόμου κληρονόμοι, κεκένωται ἡ πίστις καὶ κατήργηται
ἡ ἐπαγγελία·

왜냐하면 만약 율법에 속한 자들이 상속자가 된다면, 믿음은 이미 헛것이
되었고 약속은 폐지되어 버린 것이기 때문이다.

15절

ὁ γὰρ νόμος ὀργὴν κατεργάζεται· οὖ δὲ οὐκ ἔστιν νόμος οὐδὲ παράβ
ασις

참으로 율법은 진노를 작동시킨다. 그런데 율법이 없는 곳에는 범죄도
없다.

16절

Διὰ τοῦτο ἐκ πίστεως, ἵνα κατὰ χάριν, εἰς τὸ εἶναι βεβαίαν τὴν
ἐπαγγελίαν παντὶ τῷ σπέρματι, οὐ τῷ ἐκ τοῦ νόμου μόνον ἀλλὰ καὶ
τῷ ἐκ πίστεως Ἀβραάμ, ὅς ἐστιν πατὴρ πάντων ἡμῶν,

이러므로 은혜를 따라 약속이 모든 후손에게, 곧 율법에 속한 자뿐 아니라
우리의 조상인 아브라함의 믿음에 속한 자에게도 견고하게 되기 위해서
는 믿음으로 되어야 한다.

17절

καθὼς γέγραπται ὅτι πατέρα πολλῶν ἐθνῶν τέθεικά σε, κατέναντι
οὗ ἐπίστευσεν θεοῦ τοῦ ζῳοποιοῦντος τοὺς νεκροὺς καὶ καλοῦντος
τὰ μὴ ὄντα ὡς ὄντα.

"내가 너를 이미 많은 민족의 아버지로 세웠노라"라고 기록된 대로, 그는
죽은 자들을 살리시고 없는 것들을 있는 것들처럼 부르시는 그 하나님을
정면으로 마주 보며 믿었다.

18절

Ὃς παρ' ἐλπίδα ἐπ' ἐλπίδι ἐπίστευσεν εἰς τὸ γενέσθαι αὐτὸν πατέρα
πολλῶν ἐθνῶν κατὰ τὸ εἰρημένον· οὕτως ἔσται τὸ σπέρμα σου,

그는 희망 위에서 희망을 넘어 믿음으로, "너의 후손이 이와 같으리라"라고 말씀하신 대로 그가 많은 민족의 아버지가 되었다.

19절

καὶ μὴ ἀσθενήσας τῇ πίστει κατενόησεν τὸ ἑαυτοῦ σῶμα ἤδη νενεκρωμένον, ἑκατονταετής που ὑπάρχων, καὶ τὴν νέκρωσιν τῆς μήτρας Σάρρας·

그리고 그는 믿음이 약해지지 않고 그가 거의 100살이 되어 이미 자기 몸이 죽은 것과 사라의 자궁이 죽음을 직시했다.

20절

εἰς δὲ τὴν ἐπαγγελίαν τοῦ θεοῦ οὐ διεκρίθη τῇ ἀπιστίᾳ ἀλλ᾽ ἐνεδυναμώθη τῇ πίστει, δοὺς δόξαν τῷ θεῷ

그러나 그는 하나님의 약속을 향하여 불신앙으로 의심하지 않고, 대신에 믿음으로 내적으로 강해져서 하나님께 영광을 드리고

21절

καὶ πληροφορηθεὶς ὅτι ὃ ἐπήγγελται δυνατός ἐστιν καὶ ποιῆσαι.

그분이 약속하신 것을 또한 능히 이루실 것이라는 확신에 차 있었다.

22절

διὸ καὶ ἐλογίσθη αὐτῷ εἰς δικαιοσύνην.

그러므로 그것이 그에게 의로 여겨졌다.

23절

Οὐκ ἐγράφη δὲ δι᾽ αὐτὸν μόνον ὅτι ἐλογίσθη αὐτῷ

그것이 그에게 여겨졌다는 것은 단지 그를 위해서만 기록된 것이 아니고

24절

ἀλλὰ καὶ δι᾽ ἡμᾶς, οἷς μέλλει λογίζεσθαι, τοῖς πιστεύουσιν ἐπὶ τὸν ἐγείραντα Ἰησοῦν τὸν κύριον ἡμῶν ἐκ νεκρῶν,

또한 우리, 곧 예수 우리 주님을 죽은 자들 가운데서 일으키신 그분을 믿는 우리를 위한 것이니, 우리에게도 그 의가 인정될 것이다.

25절

ὃς παρεδόθη διὰ τὰ παραπτώματα ἡμῶν καὶ ἠγέρθη διὰ τὴν δικαίωσιν ἡμῶν.

그는 우리의 범죄 때문에 넘겨지셨고 우리의 의를 위하여 일으켜지셨다.

해설

아브라함은 75세의 늦은 나이에 여호와의 말씀에 순종하여 담대한 믿음의 행진을 시작한다. 그러나 그의 믿음의 길은 두려움으로 가득 찬 죽음의 길이었다. 그는 암흑과 절망 속에서도 한 줄기 말씀의 빛을 따라 묵묵히 나아간다. 그도 가끔 세상을 바라보며 회의에 빠지고 낙심하였으나 인내심을 가지고 그를 부활의 미래 속으로 부르신 하나님의 약속을 끝까지 견고하게 붙든다.

그는 25년의 믿음의 방황을 마치고 마침내 100살의 나이에 약속의 아들 이삭을 얻는다. 이삭은 그의 위대한 부활 신앙의 열매였다. 아브라함이 믿은바 하나님은 죽은 자를 살리시는 부활의 하나님이시고, 없는 것들을 있는 것처럼 불러내시는 창조의 하나님이시다. 아브라함의 믿음은 희망 위에서 희망을 넘어서 하나님의 초월적 부활의 세계로 들어간다. 그리고 그는 하나님과 깊은 인격적 사랑의 교제를 나누는 친구가 된다.

우리를 하나님 나라의 상속자가 되게 하는 것은, 나사렛 예수를 죽은 자 가운데서 일으키신 그의 아버지가 만물을 창조하시고 의로 통치하시는 전능하신 창조주 하나님이심을 믿는 부활 신앙이다.

그것은 예수 그리스도 안에서 죽음의 현실을 넘어 자신의 부활의 세계로 우리를 부르시는 그분의 약속을 따라 그분의 영원한 영광으로 들어가는 믿음이다.

하나님과의 화해

로마서 5:1-11

1절

Δικαιωθέντες οὖν ἐκ πίστεως εἰρήνην ἔχομεν πρὸς τὸν θεὸν διὰ τοῦ κυρίου ἡμῶν Ἰησοῦ Χριστοῦ

그러므로 믿음으로 의롭게 된 우리는 우리 주 예수 그리스도를 통하여 하나님을 향해 평화를 갖는다.

2절

δι᾿ οὗ καὶ τὴν προσαγωγὴν ἐσχήκαμεν τῇ πίστει εἰς τὴν χάριν ταύτην ἐν ᾗ ἐστήκαμεν καὶ καυχώμεθα ἐπ᾿ ἐλπίδι τῆς δόξης τοῦ θεοῦ.

그를 통하여 또한 우리가 이미 서 있는 이 은혜를 향하여 믿음으로 나아감을 이미 가졌다. 그리고 하나님의 영광의 희망 위에서 우리는 기뻐한다.

3절

οὐ μόνον δέ, ἀλλὰ καὶ καυχώμεθα ἐν ταῖς θλίψεσιν, εἰδότες ὅτι ἡ θλῖψις ὑπομονὴν κατεργάζεται,

그러나 그뿐 아니라, 또한 우리가 고난 속에서 기뻐하는 것은 고난이
인내를 작동시킨다는 것을 알기 때문이다.

4절

ἡ δὲ ὑπομονὴ δοκιμήν, ἡ δὲ δοκιμὴ ἐλπίδα.

그런데 인내는 연단을, 그런데 연단은 희망을.

5절

ἡ δὲ ἐλπὶς οὐ καταισχύνει, ὅτι ἡ ἀγάπη τοῦ θεοῦ ἐκκέχυται ἐν ταῖς
καρδίαις ἡμῶν διὰ πνεύματος ἁγίου τοῦ δοθέντος ἡμῖν.

그런데 그 희망은 실망시키지 않는다. 왜냐하면 하나님의 사랑이 우리에
게 주어진 성령을 통하여 우리 마음속에 부어졌기 때문이다.

6절

Ἔτι γὰρ Χριστὸς ὄντων ἡμῶν ἀσθενῶν ἔτι κατὰ καιρὸν ὑπὲρ ἀσεβῶν
ἀπέθανεν.

참으로 아직 우리가 연약할 때, 때를 따라 그리스도께서 불경건한 자들을
위하여 죽으셨다.

7절

μόλις γὰρ ὑπὲρ δικαίου τις ἀποθανεῖται· ὑπὲρ γὰρ τοῦ ἀγαθοῦ τάχα
τις καὶ τολμᾷ ἀποθανεῖν·

어떤 사람이 의인을 위해 죽는 일은 거의 없다. 참으로 어떤 사람이 선한 사람을 위해 감히 죽는 일은 간혹 있다.

8절

συνίστησιν δὲ τὴν ἑαυτοῦ ἀγάπην εἰς ἡμᾶς ὁ θεός, ὅτι ἔτι ἁμαρτωλῶν ὄντων ἡμῶν Χριστὸς ὑπὲρ ἡμῶν ἀπέθανεν.

그런데 하나님께서 우리를 향한 자신의 사랑을 확실히 세우셨으니, 이는 아직 우리가 죄인일 때 그리스도께서 우리를 위하여 죽으셨기 때문이다.

9절

πολλῷ οὖν μᾶλλον δικαιωθέντες νῦν ἐν τῷ αἵματι αὐτοῦ σωθησόμεθα δι᾽ αὐτοῦ ἀπὸ τῆς ὀργῆς.

그러므로 지금 그의 피 안에서 의롭게 된 우리가 더욱더 그를 통하여 진노로부터 구원받을 것이다.

10절

εἰ γὰρ ἐχθροὶ ὄντες κατηλλάγημεν τῷ θεῷ διὰ τοῦ θανάτου τοῦ υἱοῦ αὐτοῦ, πολλῷ μᾶλλον καταλλαγέντες σωθησόμεθα ἐν τῇ ζωῇ αὐτοῦ·

참으로 원수인 우리가 그분의 아들의 죽음을 통하여 하나님과 화해되었다면, 화해된 우리는 그의 생명 안에서 더욱더 구원받을 것이다.

11절

οὐ μόνον δέ, ἀλλὰ καὶ καυχώμενοι ἐν τῷ θεῷ διὰ τοῦ κυρίου ἡμῶν Ἰησοῦ Χριστοῦ δι᾽ οὗ νῦν τὴν καταλλαγὴν ἐλάβομεν.

그뿐만 아니라 우리가 우리 주 예수 그리스도를 통하여 기뻐하는 것은 그를 통하여 우리가 지금 화해를 얻었기 때문이다.

해설

　하나님께서는 자기 아들을 화목제물로 죽음에 넘겨주심으로 세상을 향한 자기의 사랑의 진실성을 확실하게 세우셨다. 이제 예수 그리스도의 피 안에서 우리 인류의 희망인 하나님의 은혜의 보좌 앞으로 나아가는 길이 열렸다. 우리가 고난의 현실 속에서도 기뻐할 수 있는 것은 그 종말론적 희망이 우리에게 실망을 주지 않기 때문이다.

　우리에게 필연적으로 닥쳐오는 고난은 인내를 작동시킨다. 그리고 인내는 우리 믿음의 진실성을 검증하는 과정이 된다. 고난 속에서 검증받은 믿음은 마침내 우리를 종말론적 희망의 세계인 하나님 나라로 인도한다.

아담과 그리스도

로마서 5:12-21

12절

Διὰ τοῦτο ὥσπερ δι᾽ ἑνὸς ἀνθρώπου ἡ ἁμαρτία εἰς τὸν κόσμον εἰσῆλθεν καὶ διὰ τῆς ἁμαρτίας ὁ θάνατος, καὶ οὕτως εἰς πάντας ἀνθρώπους ὁ θάνατος διῆλθεν, ἐφ᾽ ᾧ πάντες ἥμαρτον·

이러므로 한 사람을 통하여 죄가 세상에 들어오고 죄를 통하여 죽음이 세상에 들어온 것처럼, 모든 사람이 죄를 지었으므로 죽음이 모든 사람 속을 뚫고 지나갔다.

13절

ἄχρι γὰρ νόμου ἁμαρτία ἦν ἐν κόσμῳ, ἁμαρτία δὲ οὐκ ἐλλογεῖται μὴ ὄντος νόμου,

율법의 때까지 죄가 세상에 있었다. 그러나 율법이 없으면 죄는 인정되지 않는다.

14절

ἀλλ’ ἐβασίλευσεν ὁ θάνατος ἀπὸ Ἀδὰμ μέχρι Μωϋσέως καὶ ἐπὶ τοὺς μὴ ἁμαρτήσαντας ἐπὶ τῷ ὁμοιώματι τῆς παραβάσεως Ἀδὰμ ὅς ἐστιν τύπος τοῦ μέλλοντος.

그러나 아담부터 모세까지 장차 올 자의 모형인 아담의 범죄와 같은 모양의 죄를 짓지 않은 사람들 위에도 죽음이 지배했다.

15절

Ἀλλ’ οὐχ ὡς τὸ παράπτωμα, οὕτως καὶ τὸ χάρισμα· εἰ γὰρ τῷ τοῦ ἑνὸς παραπτώματι οἱ πολλοὶ ἀπέθανον, πολλῷ μᾶλλον ἡ χάρις τοῦ θεοῦ καὶ ἡ δωρεὰ ἐν χάριτι τῇ τοῦ ἑνὸς ἀνθρώπου Ἰησοῦ Χριστοῦ εἰς τοὺς πολλοὺς ἐπερίσσευσεν.

그러나 범죄가 그랬던 것 같이 은사도 그런 것은 아니다. 만약 한 사람의 범죄로 많은 사람이 죽었다면, 하나님의 은혜와 한 사람 예수 그리스도의 은혜 안에 있는 선물은 많은 사람을 향하여 더욱더 넘쳤다.

16절

καὶ οὐχ ὡς δι’ ἑνὸς ἁμαρτήσαντος τὸ δώρημα· τὸ μὲν γὰρ κρίμα ἐξ ἑνὸς εἰς κατάκριμα, τὸ δὲ χάρισμα ἐκ πολλῶν παραπτωμάτων εἰς δικαίωμα.

그리고 한 사람의 죄를 통한 것과 같이, 은사도 그런 것은 아니다. 심판은 한 사람으로부터 시작해서 정죄를 향하여 나아갔지만, 은사는 많은 사람의 범죄들로부터 시작해서 의롭다함을 향하여 나아갔다.

17절

εἰ γὰρ τῷ τοῦ ἑνὸς παραπτώματι ὁ θάνατος ἐβασίλευσεν διὰ τοῦ ἑνός, πολλῷ μᾶλλον οἱ τὴν περισσείαν τῆς χάριτος καὶ τῆς δωρεᾶς τῆς δικαιοσύνης λαμβάνοντες ἐν ζωῇ βασιλεύσουσιν διὰ τοῦ ἑνὸς Ἰησοῦ Χριστοῦ.

만약 한 사람의 범죄로 죽음이 그 한 사람을 통하여 왕권을 잡았다면, 은혜와 의의 선물이 넘치는 것을 받은 사람들은 한 사람 예수 그리스도를 통하여 생명 안에서 더욱더 왕권을 잡을 것이다.

18절

Ἄρα οὖν ὡς δι᾽ ἑνὸς παραπτώματος εἰς πάντας ἀνθρώπους εἰς κατάκριμα, οὕτως καὶ δι᾽ ἑνὸς δικαιώματος εἰς πάντας ἀνθρώπους εἰς δικαίωσιν ζωῆς·

그러므로 진정 한 사람의 범죄를 통하여 모든 사람이 정죄당한 것처럼, 이처럼 한 사람의 의로운 행위를 통하여 모든 사람이 생명의 의를 얻게 되었다.

19절

ὥσπερ γὰρ διὰ τῆς παρακοῆς τοῦ ἑνὸς ἀνθρώπου ἁμαρτωλοὶ κατεστάθησαν οἱ πολλοί, οὕτως καὶ διὰ τῆς ὑπακοῆς τοῦ ἑνὸς δίκαιοι κατεστα θήσονται οἱ πολλοί.

참으로 한 사람의 불순종을 통하여 많은 사람이 죄인이 된 것처럼, 또한 한 사람의 순종을 통하여 많은 사람이 의인이 될 것이다.

20절

νόμος δὲ παρεισῆλθεν, ἵνα πλεονάσῃ τὸ παράπτωμα· οὗ δὲ ἐπλεόνα σεν ἡ ἁμαρτία, ὑπερεπερίσσευσεν ἡ χάρις,

그런데 율법이 슬그머니 끼어들어 왔는데, 이는 범죄가 넘치게 하려는 것이었다. 그러나 죄가 넘치는 곳에 은혜는 더욱 넘쳤다.

21절

ἵνα ὥσπερ ἐβασίλευσεν ἡ ἁμαρτία ἐν τῷ θανάτῳ, οὕτως καὶ ἡ χάρις βασιλεύσῃ διὰ δικαιοσύνης εἰς ζωὴν αἰώνιον διὰ Ἰησοῦ Χριστοῦ τοῦ κυρίου ἡμῶν.

이는 죄가 죽음 안에서 왕권을 잡았던 것처럼, 은혜도 우리 주 예수 그리스도를 통하여 영원한 생명을 향해 의를 통하여 왕권을 잡을 것이기 때문이다.

해설

　죄와 죽음은 아담을 통하여 세상에 들어오고, 의와 생명은 예수 그리스도를 통하여 세상에 들어온다. 아담과 같은 죄를 범하지 않는 사람들 속으로도 죽음이 관통하게 되는 것은 아담의 대표성 때문이다.

　마찬가지로 예수 그리스도의 순종과 의로운 행위로 온 세상에 생명이 들어오는 것도 예수 그리스도의 대표성 때문이다. 이제 아담을 통하여 세상을 지배하던 죄와 죽음의 세력은 예수 그리스도의 의와 생명의 세력에게 패배하고 궤멸당한다. 이로써 우주적 차원의 세력 교체가 이루어진다. 이제 남은 것은 그 세력 교체 사실을 인식하고 알리는 것이다. 그리하여 사람들을 죄와 죽음의 세력으로부터 해방하는 것이다.

　율법은 죄를 더욱더 죄 되게 하여 세상을 지배했다. 그러나 예수 그리스도의 구원 소식은 세상을 의와 생명으로 넘치도록 충만하게 한다. 하지만 아직 세상은 그리스도의 의와 생명이 최종적인 승리를 거둔 상태가 아니다. 그리스도의 종말론적 승리의 날까지 그리스도인들은 고난의 현실 속에 살고 있다.

그리스도와 함께

로마서 6:1-14

1절

Τί οὖν ἐροῦμεν; ἐπιμένωμεν τῇ ἁμαρτίᾳ, ἵνα ἡ χάρις πλεονάσῃ;

그러면 우리가 무엇을 말할 것인가? 은혜가 넘치도록 죄에 계속 머물러 있을 것인가?

2절

μὴ γένοιτο. οἵτινες ἀπεθάνομεν τῇ ἁμαρτίᾳ, πῶς ἔτι ζήσομεν ἐν αὐτῇ;

그럴 수 없다. 죄로 죽은 우리가 어떻게 그 안에 계속 살 것인가?

3절

ἢ ἀγνοεῖτε ὅτι, ὅσοι ἐβαπτίσθημεν εἰς Χριστὸν Ἰησοῦν, εἰς τὸν θάνατον αὐτοῦ ἐβαπτίσθημεν;

혹은 그리스도 예수를 향하여 세례받은 우리가 모두 그의 죽음을 향하여 세례받았다는 것을 당신들은 모르느냐?

4절

συνετάφημεν οὖν αὐτῷ διὰ τοῦ βαπτίσματος εἰς τὸν θάνατον, ἵνα ὥσπερ ἠγέρθη Χριστὸς ἐκ νεκρῶν διὰ τῆς δόξης τοῦ πατρός, οὕτως καὶ ἡμεῖς ἐν καινότητι ζωῆς περιπατήσωμεν.

그러므로 우리는 세례를 통해 죽음을 향하여 그와 함께 매장되었으니, 이는 그리스도께서 아버지의 영광을 통하여 죽은 자들로부터 일으켜진 것처럼 우리도 생명의 새로움 안에서 걸어 다니기 위함이다.

5절

εἰ γὰρ σύμφυτοι γεγόναμεν τῷ ὁμοιώματι τοῦ θανάτου αὐτοῦ, ἀλλὰ καὶ τῆς ἀναστάσεως ἐσόμεθα·

만약 우리가 그의 죽음의 모양에 함께 심긴 자들이 되었다면, 또한 부활의 모양에도 심긴 자들이 될 것이다.

6절

τοῦτο γινώσκοντες ὅτι ὁ παλαιὸς ἡμῶν ἄνθρωπος συνεσταυρώθη, ἵνα καταργηθῇ τὸ σῶμα τῆς ἁμαρτίας, τοῦ μηκέτι δουλεύειν ἡμᾶς τῇ ἁμαρτίᾳ·

이것을 알라. 우리의 옛사람은 함께 십자가에 못 박혔으니, 이는 죄의 몸이 없어지고 더 이상 우리가 죄에 예속되지 않기 위함이다.

7절

ὁ γὰρ ἀποθανὼν δεδικαίωται ἀπὸ τῆς ἁμαρτίας.

참으로 죽은 사람은 죄로부터 이제 의롭게 되었다.

8절

εἰ δὲ ἀπεθάνομεν σὺν Χριστῷ, πιστεύομεν ὅτι καὶ συζήσομεν αὐτῷ,

그런데 만약 우리가 그리스도와 함께 죽었으면, 또한 그와 함께 살 것임을 우리는 믿으니,

9절

εἰδότες ὅτι Χριστὸς ἐγερθεὶς ἐκ νεκρῶν οὐκέτι ἀποθνῄσκει, θάνατος αὐτοῦ οὐκέτι κυριεύει.

이는 죽은 자들로부터 일으켜진 그리스도께서는 더 이상 죽지 않고, 죽음이 더 이상 그를 주관하지 못한다는 것을 알기 때문이다.

10절

ὃ γὰρ ἀπέθανεν, τῇ ἁμαρτίᾳ ἀπέθανεν ἐφάπαξ· ὃ δὲ ζῇ, ζῇ τῷ θεῷ.

참으로 그가 죽은 것은 죄에 대하여 단 한 번 죽은 것이다. 그러나 그가 살아 있는 것은 하나님을 위해 살아 있는 것이다.

11절

οὕτως καὶ ὑμεῖς λογίζεσθε ἑαυτοὺς εἶναι νεκροὺς μὲν τῇ ἁμαρτίᾳ ζῶντας δὲ τῷ θεῷ ἐν Χριστῷ Ἰησοῦ.

이처럼 여러분도 자기 자신을 죄로 죽은 자였으나 그리스도 안에서 하나님을 위하여 살아난 자들로 여겨라.

12절

Μὴ οὖν βασιλευέτω ἡ ἁμαρτία ἐν τῷ θνητῷ ὑμῶν σώματι εἰς τὸ ὑπακούειν ταῖς ἐπιθυμίαις αὐτοῦ,

그러므로 죄가 자기의 욕망에 복종시키기 위하여 여러분의 죽을 몸속에서 왕 노릇 하지 못하게 하라.

13절

μηδὲ παριστάνετε τὰ μέλη ὑμῶν ὅπλα ἀδικίας τῇ ἁμαρτίᾳ, ἀλλὰ παραστήσατε ἑαυτοὺς τῷ θεῷ ὡσεὶ ἐκ νεκρῶν ζῶντας καὶ τὰ μέλη ὑμῶν ὅπλα δικαιοσύνης τῷ θεῷ.

더 이상 여러분의 지체를 죄에게 불의의 무기로 제공하지 말고, 대신에 여러분 자신을 죽은 자들로부터 살아난 자인 것처럼 여러분의 지체를 하나님께 의의 무기로 제공하라.

14절

ἁμαρτία γὰρ ὑμῶν οὐ κυριεύσει· οὐ γάρ ἐστε ὑπὸ νόμον ἀλλ᾿ ὑπὸ χάριν.

참으로 죄가 여러분을 주관하지 못할 것이다. 왜냐하면 여러분은 율법 아래 있지 않고 은혜 아래 있기 때문이다.

해설

세례는 그리스도의 몸에 연합하는 것이고, 그리스도와 함께 죽는 것이다. 그리스도와 함께 죽는 사람은 자신의 미래를 그리스도에게 전부 맡긴 사람이다. 그의 미래를 책임져 주는 것은 그리스도이시다. 그리스도께서 자신의 미래를 아버지의 손에 맡겼듯이 그는 자신의 운명을 그리스도에게 맡긴다. 하나님께서는 그를 그리스도와 함께 살리실 것이다. 왜냐하면 자기 아들의 몸에 연합되었기 때문이다.

세례는 그리스도와 함께 죽겠다는 의지와 결단의 표현이다. 그것은 장차 그리스도의 영광의 본체와의 연합을 기다리는 종말론적 희망의 결단이다. 그는 그날을 바라보면서 고난의 세월을 이겨내야 한다. 그리고 고난 속에서 그의 사랑이 검증되었을 때, 그는 영원한 영광의 본체이신 그리스도와 연합하는 신비의 세계로 들어가게 될 것이다.

그러면 죄 많은 세상에 남겨진 그리스도인은 어떻게 처신해야 하겠는가? 그리스도의 것인 그의 몸을 더 이상 죄의 무기가 아닌 의의 무기로 드려야 한다는 것은 그가 투쟁 속에 있는 종말론적 실존임을 증거하는 것이다.

의의 열매

로마서 6:15-23

15절

Τί οὖν; ἁμαρτήσωμεν, ὅτι οὐκ ἐσμὲν ὑπὸ νόμον ἀλλ᾽ ὑπὸ χάριν; μὴ γένοιτο.

그러므로 무엇이냐? 우리가 율법 아래 있지 않고 대신에 은혜 아래 있으므로 죄를 지을 것이냐? 그럴 수 없다.

16절

οὐκ οἴδατε ὅτι ᾧ παριστάνετε ἑαυτοὺς δούλους εἰς ὑπακοήν, δοῦλοί ἐστε ᾧ ὑπακούετε, ἤτοι ἁμαρτίας εἰς θάνατον ἢ ὑπακοῆς εἰς δικαιοσύνην;

여러분은 어떤 것에 여러분 자신을 종으로 바쳐서 복종하면 여러분이 복종한 그것의 종이 된다는 것, 죄의 종이 되어서 죽음에 이르든지 혹은 순종하여 의에 이르든지 하는 것을 알지 못하는가?

17절

χάρις δὲ τῷ θεῷ ὅτι ἦτε δοῦλοι τῆς ἁμαρτίας ὑπηκούσατε δὲ ἐκ καρδίας εἰς ὃν παρεδόθητε τύπον διδαχῆς,

그런데 하나님께 감사하는 것은, 여러분이 죄의 종이었으나 여러분이 넘겨받은바 교훈의 모범을 향하여 마음으로부터 순종하였다는 것이다.

18절

ἐλευθερωθέντες δὲ ἀπὸ τῆς ἁμαρτίας ἐδουλώθητε τῇ δικαιοσύνῃ.

이제 여러분은 죄에서 해방되어 의의 종이 되었다.

19절

Ἀνθρώπινον λέγω διὰ τὴν ἀσθένειαν τῆς σαρκὸς ὑμῶν. ὥσπερ γὰρ παρεστήσατε τὰ μέλη ὑμῶν δοῦλα τῇ ἀκαθαρσίᾳ καὶ τῇ ἀνομίᾳ εἰς τὴν ἀνομίαν, οὕτως νῦν παραστήσατε τὰ μέλη ὑμῶν δοῦλα τῇ δικαιοσύ νῃ εἰς ἁγιασμόν.

나는 여러분의 육체의 연약함 때문에 인간적으로 말하고 있다. 여러분이 여러분의 지체를 더러움과 불법에게 종으로 바쳐서 불법에 이르렀던 것처럼, 지금은 거룩함에 이르기 위해 여러분의 지체를 의에게 종으로 바쳐라.

20절

ὅτε γὰρ δοῦλοι ἦτε τῆς ἁμαρτίας, ἐλεύθεροι ἦτε τῇ δικαιοσύνῃ.

여러분이 죄의 종이었을 때, 여러분은 의에 대해 자유로웠다.

21절

τίνα οὖν καρπὸν εἴχετε τότε; ἐφ᾽ οἷς νῦν ἐπαισχύνεσθε, τὸ γὰρ τέλος ἐκείνων θάνατος.

그러므로 그때 여러분은 무슨 열매를 가지고 있었는가? 그것에 대해 여러분은 지금 부끄러워하고 있다. 왜냐하면 저것의 끝은 죽음이기 때문이다.

22절

νυνὶ δὲ ἐλευθερωθέντες ἀπὸ τῆς ἁμαρτίας δουλωθέντες δὲ τῷ θεῷ ἔχετε τὸν καρπὸν ὑμῶν εἰς ἁγιασμόν, τὸ δὲ τέλος ζωὴν αἰώνιον.

그런데 지금은 죄에서 자유롭게 되고 하나님께 종이 되어 거룩함을 향하여 여러분의 열매를 갖고 있는데, 그 끝은 영원한 생명이다.

23절

τὰ γὰρ ὀψώνια τῆς ἁμαρτίας θάνατος, τὸ δὲ χάρισμα τοῦ θεοῦ ζωὴ αἰώνιος ἐν Χριστῷ Ἰησοῦ τῷ κυρίῳ ἡμῶν.

왜냐하면 죄의 품삯들은 죽음이나, 하나님의 은사는 우리 주 그리스도 예수 안에 있는 영원한 생명이기 때문이다.

해설

이 편지는 바울이 로마인들을 향해 보낸 것이다. 옛날 로마인들의 삶은 오늘날 우리 시대의 사람들처럼 자유분방했다. 그들은 하나님의 의로운 길을 모르고 자기 육신의 정욕을 따라 죄의 노예로 살고 있었다. 그랬던 그들이 그리스도의 교훈을 듣고 어리석고 망령된 방탕한 삶을 버리고 온전히 하나님께 돌아서서 의의 종이 되었다. 어떻게 해서 그들은 부끄러운 죄악된 삶을 버리고 그리스도인의 거룩한 삶으로 돌아설 수 있었을까? 그 위대한 능력은 어디서 온 것일까?

이 시대는 기독교가 전 세계적으로 쇠퇴하는 시대다. 그 원인은 무엇인가? 세상은 그때나 지금이나 변한 것이 없다. 세상이 변한 것이 아니라 교회가 능력을 잃어버린 것이다.

로마교회는 무려 300년의 핍박을 이겨내고 승리를 쟁취한 영광스러운 교회였다. 로마교회 교인들의 믿음은 바울도 부러워할 정도로 훌륭했다. 과연 그들은 어떤 믿음을 간직하고 있었던 것일까? 그 훌륭한 그리스도인들을 키워낸 지도자들은 어떤 사람들이었을까?

오늘 본문 17절에는 로마인들이 사도들에게서 넘겨받은바 교훈의 모범(τύπον διδαχης, 튀폰 디다케스)이 언급되고 있다. 로마인들은 그 교훈을 듣고 그리스도께로 돌아섰다는 것이다. 그런데 바울은 그[교훈의 모범]이 무엇인지 말하지 않고 있다.

그리스도인의 실존

로마서 7:1-6

1절

Ἢ ἀγνοεῖτε, ἀδελφοί, γινώσκουσιν γὰρ νόμον λαλῶ, ὅτι ὁ νόμος κυριεύει τοῦ ἀνθρώπου ἐφ᾽ ὅσον χρόνον ζῇ;

혹은 형제들이여, 나는 법을 아는 사람들에게 이야기하고 있다. 여러분은 사람이 살아있는 동안에만 법이 그를 주관한다는 것을 알지 못하는가?

2절

ἡ γὰρ ὕπανδρος γυνὴ τῷ ζῶντι ἀνδρὶ δέδεται νόμῳ· ἐὰν δὲ ἀποθάνῃ ὁ ἀνήρ, κατήργηται ἀπὸ τοῦ νόμου τοῦ ἀνδρός.

참으로 남자에게 매인 여자는 살아있는 남편에게 법으로 묶여있다. 그런데 만약 남편이 죽으면, 여자는 남자의 법에서 벗어난다.

3절

ἄρα οὖν ζῶντος τοῦ ἀνδρὸς μοιχαλὶς χρηματίσει ἐὰν γένηται ἀνδρὶ ἑτέρῳ· ἐὰν δὲ ἀποθάνῃ ὁ ἀνήρ, ἐλευθέρα ἐστὶν ἀπὸ τοῦ νόμου, τοῦ μὴ εἶναι αὐτὴν μοιχαλίδα γενομένην ἀνδρὶ ἑτέρῳ.

그러므로 만약 남편이 살아있을 때 다른 남자에게 가면 그녀는 간음녀로 불릴 것이다. 그런데 남편이 죽으면, 그녀는 법에서 자유롭게 되어서, 다른 남자에게 간 그녀가 간음녀가 되지 않게 된다.

4절

ὥστε, ἀδελφοί μου, καὶ ὑμεῖς ἐθανατώθητε τῷ νόμῳ διὰ τοῦ σώματος τοῦ Χριστοῦ, εἰς τὸ γενέσθαι ὑμᾶς ἑτέρῳ, τῷ ἐκ νεκρῶν ἐγερθέντι, ἵνα καρποφορήσωμεν τῷ θεῷ.

이처럼, 나의 형제들이여, 여러분도 그리스도의 몸을 통하여 율법에 대해 죽어서 여러분이 다른 남자 곧 죽은 자들 가운데서 일으켜진 분에게 간 것은, 우리가 하나님께 열매를 맺기 위함이다.

5절

ὅτε γὰρ ἦμεν ἐν τῇ σαρκί, τὰ παθήματα τῶν ἁμαρτιῶν τὰ διὰ τοῦ νόμου ἐνηργεῖτο ἐν τοῖς μέλεσιν ἡμῶν, εἰς τὸ καρποφορῆσαι τῷ θανάτῳ·

왜냐하면 우리가 육체 안에 있었을 때는 율법을 통한 죄의 열정들이 우리의 지체들 속에서 활동하여 죽음을 위해 열매를 맺었다.

6절

νυνὶ δὲ κατηργήθημεν ἀπὸ τοῦ νόμου ἀποθανόντες ἐν ᾧ κατειχόμεθα, ὥστε δουλεύειν ἡμᾶς ἐν καινότητι πνεύματος καὶ οὐ παλαιότητι γράμματος.

그러나 지금은 우리가 얽매여 있던 것 안에서 죽어서 율법에서 벗어났다. 그리하여 우리는 글자의 낡은 것이 아니라 영의 새로움 안에서 섬기게 되었다.

해설

그리스도인은 예수 그리스도의 죽음과 부활에 연합한 자다. 그의 옛사람은 예수의 십자가에서 죽고, 그의 새사람은 예수의 부활 생명을 소유한 사람이다. 그것은 예수 그리스도의 죽음이 인간을 죄로부터 해방시키는 대속적 죽음이기 때문이다.

예수 그리스도 안에 있는 자는 죄의 세력에서 해방되어 의의 세력으로 넘어온 자다. 그는 더 이상 죄를 따라 살며 죽음의 열매를 맺는 옛사람이 아니다. 그는 부활하신 예수 그리스도 안에서 의를 따라 살며 생명의 열매를 맺는 사람이다. 그는 율법의 낡은 것을 따라 사는 사람이 아니라, 성령의 새로운 것을 따라 사는 사람이다.

그러나 그는 육체의 연약함이라는 현실에 봉착한다. 왜냐하면 인간의 육체는 여전히 죄의 세력에게 점령당해 있기 때문이다.

그의 그리스도를 향한 의지적 사랑의 결단은 무능력하게 무너진다. 그는 아무것도 아닌 자가 된다. 그는 하나님 앞에서 내세울 공로가 없는 자가 된다. 그는 오직 성령의 능력 안에서 하나님의 은혜로 사는 자가 된다.

육체의 현실

로마서 7:7-25

7절

Τί οὖν ἐροῦμεν; ὁ νόμος ἁμαρτία; μὴ γένοιτο· ἀλλὰ τὴν ἁμαρτίαν οὐκ ἔγνων εἰ μὴ διὰ νόμου· τήν τε γὰρ ἐπιθυμίαν οὐκ ᾔδειν εἰ μὴ ὁ νόμος ἔλεγεν· οὐκ ἐπιθυμήσεις.

그러므로 우리가 무엇을 말할 것인가? 율법이 죄인가? 그럴 수 없다. 오히려 만약 율법을 통하지 않았다면 나는 죄를 알지 못했을 것이다. 왜냐하면 만약 율법이 '탐내지 말라'라고 말하고 있지 않았다면 나는 탐심을 몰랐을 것이기 때문이다.

8절

ἀφορμὴν δὲ λαβοῦσα ἡ ἁμαρτία διὰ τῆς ἐντολῆς κατειργάσατο ἐν ἐμοὶ πᾶσαν ἐπιθυμίαν· χωρὶς γὰρ νόμου ἁμαρτία νεκρά.

그런데 죄가 계명을 통하여 기회를 잡고 내 안에 있는 모든 탐심을 작동시켰다. 왜냐하면 율법이 없으면 죄는 죽은 것이기 때문이다.

9절

ἐγὼ δὲ ἔζων χωρὶς νόμου ποτέ, ἐλθούσης δὲ τῆς ἐντολῆς ἡ ἁμαρτία ἀνέζησεν,

그런데 율법이 없을 그때 나는 살아있었다. 그러나 계명이 왔을 때 죄가 살아났다.

10절

ἐγὼ δὲ ἀπέθανον καὶ εὑρέθη μοι ἡ ἐντολὴ ἡ εἰς ζωήν, αὕτη εἰς θάνατον·

그러나 나는 죽었고 생명을 위한 계명, 그것이 나에게 죽음을 위한 것으로 발견되었다.

11절

ἡ γὰρ ἁμαρτία ἀφορμὴν λαβοῦσα διὰ τῆς ἐντολῆς ἐξηπάτησέν με καὶ δι᾽ αὐτῆς ἀπέκτεινεν.

왜냐하면 죄가 계명을 통하여 기회를 잡고 나를 완전히 속였고 그것을 통하여 나를 죽였기 때문이다.

12절

ὥστε ὁ μὲν νόμος ἅγιος καὶ ἡ ἐντολὴ ἁγία καὶ δικαία καὶ ἀγαθή.

그러므로 율법은 거룩하고 계명도 거룩하고 의롭고 선하다.

13절

Τὸ οὖν ἀγαθὸν ἐμοὶ ἐγένετο θάνατος; μὴ γένοιτο· ἀλλ᾽ ἡ ἁμαρτία, ἵνα φανῇ ἁμαρτία, διὰ τοῦ ἀγαθοῦ μοι κατεργαζομένη θάνατον, ἵνα γένηται καθ᾽ ὑπερβολὴν ἁμαρτωλὸς ἡ ἁμαρτία διὰ τῆς ἐντολῆς.

그러므로 선한 것이 나에게 죽음이 되었는가? 그럴 수 없다. 대신에 죄가 선한 것을 통하여 나에게 죽음을 작동시키는 것은 죄가 죄로 드러나기 위함이요, 죄가 계명을 통하여 극히 죄 되게 하려는 것이다.

14절

Οἴδαμεν γὰρ ὅτι ὁ νόμος πνευματικός ἐστιν, ἐγὼ δὲ σάρκινός εἰμι πεπραμένος ὑπὸ τὴν ἁμαρτίαν.

참으로 우리는 율법이 영적이라는 것을 알고 있다. 그러나 나는 육적이고 죄 아래 팔려나갔다.

15절

ὃ γὰρ κατεργάζομαι οὐ γινώσκω· οὐ γὰρ ὃ θέλω τοῦτο πράσσω, ἀλλ᾽ ὃ μισῶ τοῦτο ποιῶ.

참으로 내가 저지르는 것을 내가 모른다. 왜냐하면 내가 원하는 이것을 내가 행하지 않고, 대신에 내가 미워하는 것을 하고 있기 때문이다.

16절

εἰ δὲ ὃ οὐ θέλω τοῦτο ποιῶ, σύμφημι τῷ νόμῳ ὅτι καλός.

그런데 만약 내가 원하지 않는 이것을 행한다면, 나는 율법은 아름다운 것이라고 율법에 동의하고 있는 것이다.

17절

νυνὶ δὲ οὐκέτι ἐγὼ κατεργάζομαι αὐτὸ ἀλλ᾽ ἡ οἰκοῦσα ἐν ἐμοὶ ἁμαρτία.

그러나 지금은 더 이상 내가 그것(아름다운 것)을 행하지 않고 대신에 내 안에 거주하고 있는 죄가 작동하고 있다.

18절

Οἶδα γὰρ ὅτι οὐκ οἰκεῖ ἐν ἐμοί, τοῦτ᾽ ἔστιν ἐν τῇ σαρκί μου, ἀγαθόν· τὸ γὰρ θέλειν παράκειταί μοι, τὸ δὲ κατεργάζεσθαι τὸ καλὸν οὔ

참으로 나는 내 안에, 즉 나의 육체 속에 선한 것이 살고 있지 않다는 것을 알고 있다. 왜냐하면 원하는 것이 나에게 있으나 행하여지는 것은 아름다운 것이 아니기 때문이다.

19절

οὐ γὰρ ὃ θέλω ποιῶ ἀγαθόν, ἀλλ᾽ ὃ οὐ θέλω κακὸν τοῦτο πράσσω.

참으로 내가 원하는 선한 것을 내가 행하지 않고, 대신에 내가 원하지 않는 악독한 이것을 행하고 있다.

20절

εἰ δὲ ὃ οὐ θέλω᾽ ἐγὼ τοῦτο ποιῶ, οὐκέτι ἐγὼ κατεργάζομαι αὐτὸ ἀλλ᾽ ἡ οἰκοῦσα ἐν ἐμοὶ ἁμαρτία.

그런데 만약 내가 원하지 않는 것을 행한다면, 그것을 저지르는 것은 더 이상 내가 아니고 대신에 내 안에 살고 있는 죄다.

21절

εὑρίσκω ἄρα τὸν νόμον, τῷ θέλοντι ἐμοὶ ποιεῖν τὸ καλόν, ὅτι ἐμοὶ τὸ κακὸν παράκειται·

진정 나는 법을 발견하고 있으니, 그것은 아름다운 것을 행하기 원하는 나에게 악독한 것이 놓여 있다는 것이다.

22절

συνήδομαι γὰρ τῷ νόμῳ τοῦ θεοῦ κατὰ τὸν ἔσω ἄνθρωπον,

참으로 나는 속사람을 따라서는 하나님의 법에 함께 기뻐한다.

23절

βλέπω δὲ ἕτερον νόμον ἐν τοῖς μέλεσίν μου ἀντιστρατευόμενον τῷ νόμῳ τοῦ νοός μου καὶ αἰχμαλωτίζοντά με ἐν τῷ νόμῳ τῆς ἁμαρτίας τῷ ὄντι ἐν τοῖς μέλεσίν μου.

그런데 나는 나의 지체 속에서 나의 이성의 법에 저항하여 싸우며 나를 나의 지체 속에 있는 죄의 법 속으로 사로잡아 가는 다른 법을 보고 있다.

24절

Ταλαίπωρος ἐγὼ ἄνθρωπος· τίς με ῥύσεται ἐκ τοῦ σώματος τοῦ θανάτου τούτου;

나는 비참한 인간이다. 누가 나를 이 죽음의 몸으로부터 건질 것인가?

25절

χάρις δὲ τῷ θεῷ διὰ Ἰησοῦ Χριστοῦ τοῦ κυρίου ἡμῶν. Ἄρα οὖν αὐτὸς ἐγὼ τῷ μὲν νοῖ δουλεύω νόμῳ θεοῦ τῇ δὲ σαρκὶ νόμῳ ἁμαρτίας.

그러나 우리 주 예수 그리스도를 통하여 하나님께 감사한다. 그러므로 진정 나 자신은 이성으로는 하나님의 법에 복종하고 있다. 그러나 육체로는 죄의 법에 복종하고 있다.

해설

인간의 의지는 선한 열매를 맺기 원하는 이성의 요구를 충족시키지 못한다. 인간의 내부에는 인간의 힘으로 제어할 수 없는 괴물 같은 악의 세력이 작동하고 있다. 인간은 자신의 선한 의지를 짓밟고 자신을 사로잡아 가는 무시무시한 악의 힘을 바라본다. 인간은 알면서도 속수무책으로 죄의 힘에 팔려나가는 죄의 노예다. 그것은 그가 원하는 것이 아니다.

인간의 운명은 비참하다. 그것은 율법이 들어왔기 때문이다. 율법이 없었다면 그에게 죄의식, 패배 의식, 열등감, 절망은 없었을 것이다. 선하고 아름다운 것이 들어옴으로 인간의 악하고 추한 실체가 드러나게 되었다. 그러자 죄의 인식을 기회로 삼아 죄는 더욱더 위세를 떨친다. 그것은 율법의 요구를 충족시키기에는 인간의 육체가 너무 연약하기 때문이다.

인간의 약점을 간파한 죄의 세력은 율법을 통한 죄의식과 열패감을 이용해서 인간을 무자비하게 짓밟는다. 인간의 불행은 인간 존재의 근본인 육체가 죽어야 끝난다. 인간의 의지력으로는 결단코 자기 육체 속에 자리 잡은 죄의 세력을 제압하지 못한다. 인간의 육체 속에서는 죄의 욕구가 끊임없이 솟아나기 때문이다. 그것은 육체의 죽음으로만 끝나게 된다. 그러므로 인간의 구원은 내부에서 올 수 없다.

인간의 구원은 외부에서, 하나님으로부터만 올 수 있다. 인간 내부의 힘으로 죄를 이겨서 하나님의 의와 거룩함에 도달하려는 모든 노력은 성공할 수 없는 허망한 몸부림이다.

율법의 요구는 예수 그리스도의 성령의 능력 안에서 하나님의 은혜로만 충족될 수 있다. 그것은 그리스도께서 죽으심으로 죄의 세력을 없애버렸기 때문이다.

죄는 사람이 죽으면 끝난다. 나사렛 예수는 그것을 완성한 구원자다.

존재론적 모순 구조

로마서 8:1-17

1절

Οὐδὲν ἄρα νῦν κατάκριμα τοῖς ἐν Χριστῷ Ἰησοῦ.

이제 그리스도 예수 안에 있는 사람들에게는 아무런 정죄가 없다.

2절

ὁ γὰρ νόμος τοῦ πνεύματος τῆς ζωῆς ἐν Χριστῷ Ἰησοῦ ἠλευθέρωσ
έν σε ἀπὸ τοῦ νόμου τῆς ἁμαρτίας καὶ τοῦ θανάτου.

왜냐하면 그리스도 예수 안에 있는 생명의 영의 법이 죄와 죽음의 법으로
부터 당신을 자유롭게 했기 때문이다.

3절

Τὸ γὰρ ἀδύνατον τοῦ νόμου ἐν ᾧ ἠσθένει διὰ τῆς σαρκός, ὁ θεὸς
τὸν ἑαυτοῦ υἱὸν πέμψας ἐν ὁμοιώματι σαρκὸς ἁμαρτίας καὶ περὶ ἁμαρ
τίας κατέκρινεν τὴν ἁμαρτίαν ἐν τῇ σαρκί,

육체를 통해서는 연약함 속에서 율법이 할 수 없는 것을 하나님께서는

자기 아들을 죄의 육체의 모양으로 보내셔서 죄에 대하여 그 육체 속에서 죄를 정죄하셨다.

4절

ἵνα τὸ δικαίωμα τοῦ νόμου πληρωθῇ ἐν ἡμῖν τοῖς μὴ κατὰ σάρκα περιπατοῦσιν ἀλλὰ κατὰ πνεῦμα.

그것은 육체를 따라 걷지 않고 영을 따라 걷는 우리에게 율법의 의가 충족되게 하려는 것이다.

5절

οἱ γὰρ κατὰ σάρκα ὄντες τὰ τῆς σαρκὸς φρονοῦσιν, οἱ δὲ κατὰ πνεῦμα τὰ τοῦ πνεύματος.

육체를 따르는 사람은 육체의 일들을 생각하나, 영을 따르는 사람은 영의 일들을 생각한다.

6절

τὸ γὰρ φρόνημα τῆς σαρκὸς θάνατος, τὸ δὲ φρόνημα τοῦ πνεύματος ζωὴ καὶ εἰρήνη·

육체의 생각은 죽음이나 영의 생각은 생명과 평화다.

7절

διότι τὸ φρόνημα τῆς σαρκὸς ἔχθρα εἰς θεόν, τῷ γὰρ νόμῳ τοῦ θεοῦ οὐχ ὑποτάσσεται, οὐδὲ γὰρ δύναται·

왜냐하면 육체의 생각은 하나님에게 원수이기 때문이다. 참으로 그것은 하나님의 법에 복종하지도 않고 또한 복종할 수도 없다.

8절

οἱ δὲ ἐν σαρκὶ ὄντες θεῷ ἀρέσαι οὐ δύνανται.

육체 안에 있는 사람들은 하나님을 기쁘게 할 수 없다.

9절

Ὑμεῖς δὲ οὐκ ἐστὲ ἐν σαρκὶ ἀλλ᾽ ἐν πνεύματι, εἴπερ πνεῦμα θεοῦ οἰκεῖ ἐν ὑμῖν. εἰ δέ τις πνεῦμα Χριστοῦ οὐκ ἔχει, οὗτος οὐκ ἔστιν αὐτοῦ.

여러분은 육체 안에 있지 않고 영 안에 있다. 왜냐하면 하나님의 영이 여러분 안에 거주하시기 때문이다. 그러나 누가 그리스도의 영을 가지고 있지 않으면, 이 사람은 그의 사람이 아니다.

10절

εἰ δὲ Χριστὸς ἐν ὑμῖν, τὸ μὲν σῶμα νεκρὸν διὰ ἁμαρτίαν τὸ δὲ πνεῦμα ζωὴ διὰ δικαιοσύνην.

만약 그리스도께서 여러분 안에 계시면, 몸은 죄 때문에 죽지만 영은 의 때문에 산다.

11절

εἰ δὲ τὸ πνεῦμα τοῦ ἐγείραντος τὸν Ἰησοῦν ἐκ νεκρῶν οἰκεῖ ἐν ὑμῖν, ὁ ἐγείρας Χριστὸν ἐκ νεκρῶν ζῳοποιήσει καὶ τὰ θνητὰ σώματα ὑμῶν διὰ τοῦ ἐνοικοῦντος αὐτοῦ πνεύματος ἐν ὑμῖν.

만약 예수를 죽은 자들 가운데서 일으키신 분의 영이 여러분 안에 거주하시면, 그리스도를 죽은 자들 가운데서 일으키신 분이 여러분 안에 거주하시는 그분의 영을 통하여 여러분의 죽을 몸도 살리실 것이다.

12절

Ἄρα οὖν, ἀδελφοί, ὀφειλέται ἐσμὲν οὐ τῇ σαρκὶ τοῦ κατὰ σάρκα ζῆν,

그러므로 형제들이여, 우리는 육체를 따라 사는 육체에 빚진 자들이 아니다.

13절

εἰ γὰρ κατὰ σάρκα ζῆτε, μέλλετε ἀποθνήσκειν· εἰ δὲ πνεύματι τὰς πράξεις τοῦ σώματος θανατοῦτε, ζήσεσθε.

만약 여러분이 육체를 따라 살면, 여러분은 죽게 될 것이다. 그러나 여러분이 영으로 몸의 행실들을 죽이면 살 것이다.

14절

ὅσοι γὰρ πνεύματι θεοῦ ἄγονται, οὗτοι υἱοὶ θεοῦ εἰσιν.

참으로 하나님의 영으로 인도받고 있는 이 사람들이 하나님의 아들들
이다.

15절

οὐ γὰρ ἐλάβετε πνεῦμα δουλείας πάλιν εἰς φόβον ἀλλ᾽ ἐλάβετε πνεῦ
μα υἱοθεσίας ἐν ᾧ κράζομεν· αββα ὁ πατήρ.

여러분은 다시 두려움을 향한 노예의 영을 받지 않고, 대신에 그 속에서
아빠 아버지, 라고 외치는 양자의 영을 받았다.

16절

αὐτὸ τὸ πνεῦμα συμμαρτυρεῖ τῷ πνεύματι ἡμῶν ὅτι ἐσμὲν τέκνα
θεοῦ.

성령 자신도 우리가 하나님의 자녀들이라는 것을 우리의 영과 함께 증거
하고 있다.

17절

εἰ δὲ τέκνα, καὶ κληρονόμοι· κληρονόμοι μὲν θεοῦ, συγκληρονόμοι
δὲ Χριστοῦ, εἴπερ συμπάσχομεν ἵνα καὶ συνδοξασθῶμεν.

자녀이면 또한 상속자들, 하나님의 상속자들, 곧 그리스도의 공동상속
자들이다. 그러므로 우리는 함께 영광을 받기 위해 함께 고난을 받는다.

해설

우리의 몸은 죄와 죽음의 몸이다. 그러나 예수 그리스도의 몸은 의와 생명으로 가득 찬 성전이다. 그리스도인은 죄와 죽음의 몸에서 예수 그리스도의 영광의 본체 속으로 건너간 사람이다. 이것은 사람의 힘으로는 불가능한 일이다. 그것은 성령의 능력으로 되는 것이다.

우리는 성령의 능력 속에 있을 때 그리스도의 의와 생명을 공급받는다. 성령이 소멸되면 자동으로 그리스도의 의와 생명에서 분리되어 다시 죄와 죽음의 몸으로 돌아온다.

우리 인간의 근본은 육체다. 우리는 근본이 되는 육체를 떠날 수 없다. 인간에게 육체를 떠나는 것은 죽음이다. 그러므로 그리스도인은 근본적으로 존재론적 모순구조 속에 있다. 그는 죄의 몸속에 살고 있으면서, 항상 탈육체를 꿈꾼다. 그것은 그가 세상 속에 살면서도 끊임없이 탈세계를 꿈꾸는 종말론적 실존인 것과 같다.

그리스도인의 본질을 규정하는 것은 이 존재론적 모순구조다. 그는 물질세계, 죄 많은 세상, 연약한 육체 속에 살고 있으면서, 그리스도 안에서 탈세계, 탈역사, 탈육체를 경험한다. 이것을 미리 경험하게 하시는 분은 성령이시다. 성령은 그리스도 안에서 우리로 하여금 하나님의 영광의 미래를 선취시키시는 초월의 영이시다. 영의 본질은 초월성이다.

우리는 연약한 죄의 몸속에 살면서 그리스도의 부활의 미래를 선취하며 그 미래를 향해 나아가는 초월적 존재다. 또한 우리는 죄와 죽음의 몸속에 살면서 자기의 존재를 뿌리부터 부정하는 영적 존재다. 그리스도인의 본질은 바로 이 자기부정의 모순된 구조에 있다.

그리스도인의 능력은 존재론적 모순구조를 변증법적으로 해결하는 투쟁의 과정에서 나온다. 성령은 우리의 투쟁을 도우시는 지혜의 영이시다.

결국 그리스도인의 능력의 근원은 성령이다.

종말론적 희망과 영광

로마서 8:18-30

18절

Λογίζομαι γὰρ ὅτι οὐκ ἄξια τὰ παθήματα τοῦ νῦν καιροῦ πρὸς τὴν μέλλουσαν δόξαν ἀποκαλυφθῆναι εἰς ἡμᾶς.

나는 지금 현재의 고난들은 장차 우리에게 계시될 영광과 비교하기에 합당하지 않다고 생각한다.

19절

ἡ γὰρ ἀποκαραδοκία τῆς κτίσεως τὴν ἀποκάλυψιν τῶν υἱῶν τοῦ θεοῦ ἀπεκδέχεται.

참으로 피조물의 간절한 소망은 하나님의 아들들의 나타남을 간절히 기다리고 있다.

20절

τῇ γὰρ ματαιότητι ἡ κτίσις ὑπετάγη, οὐχ ἑκοῦσα ἀλλὰ διὰ τὸν ὑποτάξαντα, ἐφ᾽ ἐλπίδι

허망함에 피조물이 복종하는 것은 자발적인 것이 아니라 복종시키는
자 때문이니,

21절

ὅτι καὶ αὐτὴ ἡ κτίσις ἐλευθερωθήσεται ἀπὸ τῆς δουλείας τῆς φθορ
ᾶς εἰς τὴν ἐλευθερίαν τῆς δόξης τῶν τέκνων τοῦ θεοῦ.

그것은 피조물 자신도 부패의 종살이에서 해방되어 하나님 자녀들의
영광의 자유에 참여하게 될 것이라는 희망을 품고 있기 때문이다.

22절

οἴδαμεν γὰρ ὅτι πᾶσα ἡ κτίσις συστενάζει καὶ συνωδίνει ἄχρι τοῦ
νῦν·

우리는 모든 피조물도 지금까지 함께 탄식하며 함께 산고의 진통을 겪고
있다는 것을 알고 있다.

23절

οὐ μόνον δέ, ἀλλὰ καὶ αὐτοὶ τὴν ἀπαρχὴν τοῦ πνεύματος ἔχοντες,
ἡμεῖς καὶ αὐτοὶ ἐν ἑαυτοῖς στενάζομεν υἱοθεσίαν ἀπεκδεχόμενοι, τὴν
ἀπολύτρωσιν τοῦ σώματος ἡμῶν.

그뿐만 아니라 또한 성령의 첫 열매(부활의 약속)를 가지고 있는 우리도
자신들 속에서 양자 됨 곧 우리 몸의 구속을 간절히 기다리며 탄식하고
있다.

24절

τῇ γὰρ ἐλπίδι ἐσώθημεν· ἐλπὶς δὲ βλεπομένη οὐκ ἔστιν ἐλπίς· ὃ γὰρ βλέπει τίς ἐλπίζει;

참으로 우리는 희망으로 구원받았다. 보이는 희망은 희망이 아니다. 보이는 것을 누가 희망하느냐?

25절

εἰ δὲ ὃ οὐ βλέπομεν ἐλπίζομεν, δι᾽ ὑπομονῆς ἀπεκδεχόμεθα.

만약 우리가 보지 못하는 것을 희망한다면, 우리는 인내를 통하여 간절히 기다린다.

26절

Ὡσαύτως δὲ καὶ τὸ πνεῦμα συναντιλαμβάνεται τῇ ἀσθενείᾳ ἡμῶν· τὸ γὰρ τί προσευξώμεθα καθὸ δεῖ οὐκ οἴδαμεν, ἀλλ᾽ αὐτὸ τὸ πνεῦμα ὑπερεντυγχάνει στεναγμοῖς ἀλαλήτοις·

마찬가지로 성령께서도 우리의 연약함을 도와주신다. 우리가 마땅히 무엇을 기도해야 하는지를 모르지만, 성령께서는 말할 수 없는 탄식으로 간구하신다.

27절

ὁ δὲ ἐραυνῶν τὰς καρδίας οἶδεν τί τὸ φρόνημα τοῦ πνεύματος, ὅτι κατὰ θεὸν ἐντυγχάνει ὑπὲρ ἁγίων.

마음을 들여다보시는 분께서 성령의 생각을 아시니, 이는 그가 성도들을 위하여 하나님의 뜻을 따라 간구하시기 때문이다.

28절

Οἴδαμεν δὲ ὅτι τοῖς ἀγαπῶσιν τὸν θεὸν πάντα συνεργεῖ εἰς ἀγαθόν, τοῖς κατὰ πρόθεσιν κλητοῖς οὖσιν.

우리는 하나님을 사랑하는 자들 곧 뜻을 따라 부르심을 받은 자들에게는 모든 것들이 선을 위하여 함께 일한다는 것을 알고 있다.

29절

ὅτι οὓς προέγνω, καὶ προώρισεν συμμόρφους τῆς εἰκόνος τοῦ υἱοῦ αὐτοῦ, εἰς τὸ εἶναι αὐτὸν πρωτότοκον ἐν πολλοῖς ἀδελφοῖς·

그가 미리 아신 자들을 그의 아들의 형상에 함께 참여하는 자들로 미리 정하셨으니, 이는 그가 많은 형제 속에서 처음 태어난 자가 되게 하려 하심이다.

30절

οὓς δὲ προώρισεν, τούτους καὶ ἐκάλεσεν· καὶ οὓς ἐκάλεσεν, τούτους καὶ ἐδικαίωσεν· οὓς δὲ ἐδικαίωσεν, τούτους καὶ ἐδόξασεν.

그런데 그가 미리 정하신 이들을 부르셨고, 부르신 이들을 의롭게 하셨고, 의롭게 하신 이들을 영화롭게 하셨다.

해설

그리스도인들의 종말론적 희망은 몸의 구속이다. 이 종말론적 구속에 모든 피조물도 함께 참여한다. 그들은 하나님의 영광의 자녀들이 출현하기를 간절히 기다리고 있다. 그때는 피조물들도 부패의 종살이에서 해방되어 영원한 영광의 세계로 들어간다. 이것은 새로운 물질세계의 출발이다.

그리스도인의 몸이 영광의 몸으로 바뀌듯이 물질세계 역시 바뀐다. 새 하늘과 새 땅의 출현이다. 식물들과 동물들도 하나님 자녀의 영광에 참여하게 된다. 그것은 온 우주의 부활이다.

이 우주적 사건의 중심에 예수 그리스도의 구속이 있다. 그러므로 예수 그리스도의 구속은 우리 몸의 부활을 가져오고, 우리 몸의 부활은 모든 피조물의 해방을 가져온다. 이로써 파괴되었던 하나님의 창조 질서는 예수 그리스도의 구속으로 인해 더 영광스러운 세계로 회복되어 다시 태어난다.

그것은 십자가에서 죽으시고 부활한 예수 그리스도가 영원한 창조의 근원이신 하나님의 영광의 아들이기 때문이다.

성령께서는 그날까지 죄 많은 세상에 남겨진 우리의 연약함을 도우러 오신 보혜사 하나님이시다. 그분이 우리를 위해 말할 수 없는 탄식으로 간구하고 기도하시는 것은, 그분이 우리를 위해 자신의 목숨을 버리신 예수 그리스도의 영이시기 때문이다.

그러므로 보혜사 성령은 사랑과 지혜의 영이시다.

그리스도인의 자유

로마서 8:31-39

31절

Τί οὖν ἐροῦμεν πρὸς ταῦτα; εἰ ὁ θεὸς ὑπὲρ ἡμῶν, τίς καθ᾽ ἡμῶν;

그러므로 우리가 이것들을 향하여 무엇을 말할 것인가? 하나님께서 우리를 위하신다면, 누가 우리를 대적할 것이냐?

32절

ὅς γε τοῦ ἰδίου υἱοῦ οὐκ ἐφείσατο ἀλλ᾽ ὑπὲρ ἡμῶν πάντων παρέδωκεν αὐτόν, πῶς οὐχὶ καὶ σὺν αὐτῷ τὰ πάντα ἡμῖν χαρίσεται;

자신의 아들을 아끼지 않고 대신에 우리 모두를 위해 그를 넘겨주신 분이 어찌 또한 그와 함께 우리에게 모든 것을 선사하지 않겠는가?

33절

τίς ἐγκαλέσει κατὰ ἐκλεκτῶν θεοῦ; θεὸς ὁ δικαιῶν·

누가 하나님의 택함 받은 자들을 고발할 것인가? 의롭게 하시는 분은 하나님이시다.

34절

τίς ὁ κατακρινῶν; Χριστὸζ Ἰησοῦζ ὁ ἀποθανών, μᾶλλον δὲ ἐγερθ
είς, ὃς καί ἐστιν ἐν δεξιᾷ τοῦ θεοῦ, ὃς καὶ ἐντυγχάνει ὑπὲρ ἡμῶν.

정죄하는 자가 누구냐? 죽으셨으나 오히려 일으켜진 분은 그리스도[예
수]시니, 그는 하나님의 우편에 계시며 또한 우리를 위하여 간구하신다.

35절

τίς ἡμᾶς χωρίσει ἀπὸ τῆς ἀγάπης τοῦ Χριστοῦ; θλῖψις ἢ στενοχωρ
ία ἢ διωγμὸς ἢ λιμὸς ἢ γυμνότης ἢ κίνδυνος ἢ μάχαιρα;

누가 우리를 그리스도의 사랑으로부터 끊을 것인가? 고난이나 답답함이
나 핍박이나 기근이나 벌거벗음이나 위험이나 칼이냐?

36절

καθὼς γέγραπται ὅτι
ἕνεκεν σοῦ θανατούμεθα ὅλην τὴν ἡμέραν,
ἐλογίσθημεν ὡς πρόβατα σφαγῆς.

이것은 "당신 때문에 우리는 온종일 죽임을 당하고 있으며, 도살당하는
양 떼처럼 여겨졌습니다"라고 기록된 것과 같다.

37절

ἀλλ᾽ ἐν τούτοις πᾶσιν ὑπερνικῶμεν διὰ τοῦ ἀγαπήσαντος ἡμᾶς.

그러나 이 모든 것들 속에서 우리는 우리를 사랑하신 그분의 사랑을 통하

여 넘치게 승리하고 있다.

38절

πέπεισμαι γὰρ ὅτι οὔτε θάνατος οὔτε ζωὴ οὔτε ἄγγελοι οὔτε ἀρχαὶ οὔτε ἐνεστῶτα οὔτε μέλλοντα οὔτε δυνάμεις

참으로 죽음이나 생명이나 천사들이나 통치자들이나 현존하는 것들이나 장차 있을 것들이나 능력이나

39절

οὔτε ὕψωμα οὔτε βάθος οὔτε τις κτίσις ἑτέρα δυνήσεται ἡμᾶς χωρίσαι ἀπὸ τῆς ἀγάπης τοῦ θεοῦ τῆς ἐν Χριστῷ Ἰησοῦ τῷ κυρίῳ ἡμῶν.

높음이나 깊음이나 다른 어떤 피조물도 우리를 우리 주 그리스도 예수 안에 있는 하나님의 사랑에서 끊을 수 없다는 것을 나는 확신하고 있다.

해설

　예수 그리스도의 부활을 통한 우리 몸의 구속과 모든 피조물의 해방은 하나님의 사랑의 위대하심을 계시한다. 하나님의 사랑의 위대함이 우리의 담대함의 토대가 된다.

　우리의 실존적 불안은 무엇을 잃어버리거나 빼앗긴다는 두려움에서 온다. 그러나 모든 것을 창조하시고 새롭게 하시는 하나님의 능력은 우리를 모든 두려움에서 해방시킨다. 하나님의 사랑은 모든 피조세계보다 크고 영원하다. 이 하나님의 사랑에 대한 확신이 우리를 고난 속에서 넘치는 승리의 길로 인도한다.

　그리스도인의 자유는 예수 그리스도를 통하여 하나님의 영원한 사랑에 참여할 때 얻어진다.

　사랑에는 두려움이 없기 때문이다.

하나님의 절대주권

로마서 9:1-18

1절

Ἀλήθειαν λέγω ἐν Χριστῷ, οὐ ψεύδομαι, συμμαρτυρούσης μοι τῆς συνειδήσεώς μου ἐν πνεύματι ἁγίῳ,

내가 그리스도 안에서 진실을 말하건대 내가 거짓말하지 않으니, 성령 안에서 나의 양심이 나와 함께 증거한다.

2절

ὅτι λύπη μοί ἐστιν μεγάλη καὶ ἀδιάλειπτος ὀδύνη τῇ καρδίᾳ μου.

그것은 나의 마음에 큰 근심과 끊임없는 고통이 있다는 것이다.

3절

ηὐχόμην γὰρ ἀνάθεμα εἶναι αὐτὸς ἐγὼ ἀπὸ τοῦ Χριστοῦ ὑπὲρ τῶν ἀδελφῶν μου τῶν συγγενῶν μου κατὰ σάρκα,

참으로 나는 육체를 따라 나의 동족인 나의 형제들을 위하여 나 자신이 차라리 그리스도로부터 저주가 되기를 간절히 원해왔다.

4절

οἵτινές εἰσιν Ἰσραηλῖται, ὧν ἡ υἱοθεσία καὶ ἡ δόξα καὶ αἱ διαθῆκαι καὶ ἡ νομοθεσία καὶ ἡ λατρεία καὶ αἱ ἐπαγγελίαι,

그들은 이스라엘 사람이니, 양자 됨과 영광과 계약과 율법 제정과 예배와 약속이 그들의 것이고,

5절

ὧν οἱ πατέρες καὶ ἐξ ὧν ὁ Χριστὸς τὸ κατὰ σάρκα, ὁ ὢν ἐπὶ πάντων θεὸς εὐλογητὸς εἰς τοὺς αἰῶνας, ἀμήν.

조상들이 그들의 것이고 그리스도가 육체를 따라서는 그들에게서 나왔으니, 그는 영원히 찬양받으실 만물 위에 계시는 하나님이시다. 아멘.

6절

Οὐχ οἷον δὲ ὅτι ἐκπέπτωκεν ὁ λόγος τοῦ θεοῦ. οὐ γὰρ πάντες οἱ ἐξ Ἰσραὴλ οὗτοι Ἰσραήλ·

하나님의 말씀이 완전히 떨어져 나간 것은 아닌 듯하다. 참으로 이스라엘에서 난 모든 사람이 이스라엘은 아니다.

7절

οὐδ' ὅτι εἰσὶν σπέρμα Ἀβραὰμ πάντες τέκνα, ἀλλ'· ἐν Ἰσαὰκ κληθήσεταί σοι σπέρμα.

또한 모든 자녀가 아브라함의 씨가 아니고, 대신에 "이삭 안에 있는 자가

너에게 씨로 불릴 것이다.”

8절

τοῦτ᾽ ἔστιν, οὐ τὰ τέκνα τῆς σαρκὸς ταῦτα τέκνα τοῦ θεοῦ ἀλλὰ τὰ τέκνα τῆς ἐπαγγελίας λογίζεται εἰς σπέρμα.

즉, 육체의 자녀들인 이들이 하나님의 자녀가 아니고 대신에 약속의 자녀들이 씨로 여겨질 것이다.

9절

ἐπαγγελίας γὰρ ὁ λόγος οὗτος· κατὰ τὸν καιρὸν τοῦτον ἐλεύσομαι καὶ ἔσται τῇ Σάρρᾳ υἱός.

왜냐하면 약속의 말씀은 이것이기 때문이다.

“(내년)이때 내가 올 것이다. 그리고 사라에게 아들이 있을 것이다.”

10절

Οὐ μόνον δέ, ἀλλὰ καὶ Ῥεβέκκα ἐξ ἑνὸς κοίτην ἔχουσα, Ἰσαὰκ τοῦ πατρὸς ἡμῶν·

그뿐만 아니라 또한 리브가도 하나의 잠자리에서, 곧 우리의 조상인 이삭으로부터 임신했는데

11절

μήπω γὰρ γεννηθέντων μηδὲ πραξάντων τι ἀγαθὸν ἢ φαῦλον, ἵνα

ἡ κατ᾽ ἐκλογὴν πρόθεσις τοῦ θεοῦ μένῃ,

그들이 아직 태어나지도 않았고 무슨 선한 것이나 나쁜 것을 행하지도

않았을 때, 택하심을 따른 하나님의 뜻이 성립되기 위해서,

12절

οὐκ ἐξ ἔργων ἀλλ᾽ ἐκ τοῦ καλοῦντος, ἐρρέθη αὐτῇ ὅτι ὁ μείζων
δουλεύσει τῷ ἐλάσσονι,

곧 행위들로부터가 아니라 부르시는 자로부터 그것이 성립되기 위해서

그녀에게 "큰 자가 작은 자를 섬길 것이다"라고 말씀하셨다.

13절

καθὼς γέγραπται, τὸν Ἰακὼβ ἠγάπησα, τὸν δὲ Ἠσαῦ ἐμίσησα.

그것은 "나는 야곱을 사랑했으나 에서는 미워했다"라고 기록된 것과

같다.

14절

Τί οὖν ἐροῦμεν; μὴ ἀδικία παρὰ τῷ θεῷ; μὴ γένοιτο.

그러므로 우리가 무엇을 말할 것인가? 하나님께 불의가 있다는 것이냐?

그럴 수 없다.

15절

τῷ Μωϋσεῖ γὰρ λέγει· ἐλεήσω ὃν ἂν ἐλεῶ καὶ οἰκτιρήσω ὃν ἂν

οἰκτίρω.

참으로 모세에게 "나는 내가 긍휼히 여길 자를 긍휼히 여기고 내가 불쌍히 여길 자를 불쌍히 여길 것이다"라고 말씀하신다.

16절

ἄρα οὖν οὐ τοῦ θέλοντος οὐδὲ τοῦ τρέχοντος ἀλλὰ τοῦ ἐλεῶντος θεοῦ.

그러므로 진정 그것은 원하는 사람이나 달려가는 자로부터 되는 것이 아니라, 긍휼히 여기시는 하나님으로부터 되는 것이다.

17절

λέγει γὰρ ἡ γραφὴ τῷ Φαραὼ ὅτι εἰς αὐτὸ τοῦτο ἐξήγειρά σε ὅπως ἐνδείξωμαι ἐν σοὶ τὴν δύναμίν μου καὶ ὅπως διαγγελῇ τὸ ὄνομά μου ἐν πάσῃ τῇ γῇ.

왜냐하면 성경이 바로에게 "바로 이것을 위해 내가 너를 일으켜 세웠으니, 이는 네 안에서 나의 능력을 나타내고 나의 이름이 온 땅에 널리 알려지게 하려 함이다"라고 말씀하시기 때문이다.

18절

ἄρα οὖν ὃν θέλει ἐλεεῖ, ὃν δὲ θέλει σκληρύνει.

그러므로 그가 원하는 자를 긍휼히 여기시고, 그가 원하는 자를 완악하게 하신다.

해설

하나님의 자녀들은 육체를 따라 세워지는 것이 아니고, 하나님의 택하심을 따라 약속을 통해 세워진다. 그러므로 이스라엘 백성이 모두 하나님의 자녀는 아니다. 이스라엘 백성이 하나님의 약속과 계약과 율법을 받았으나, 그들이 모두 하나님의 영원한 안식에 들어가는 것은 아니다. 이스라엘 백성 중에 예수 그리스도를 믿고 구원받는 자는 극소수다.

그것은 농부가 올리브 나무에 올라가 열매를 따고 내려온 후 올려다보았을 때 나무 꼭대기에 남아있는 몇 개의 열매처럼 지극히 적은 수의 사람들만 구원받게 될 것이라고 예언된 그대로다. 여기서 나온 것이 남은 자 사상이다. 이 일이 이렇게 되는 것은 구원이 사람의 의지나 노력으로 되는 것이 아니라, 하나님의 절대주권적인 의지를 따라 은혜로 되는 것이기 때문이다.

그것은 원래 불임이었던 사라가 육체의 생식능력이 완전히 끊어진 나이에 하나님의 약속의 말씀을 따라 아들 이삭을 낳은 사건 속에 계시되어 있다. 그것은 죽은 자의 부활이었는데, 그 부활의 능력은 육체로부터 온 것이 아니고 성령으로부터 온 것이다.

리브가가 이삭과 동침하여 쌍둥이를 배었을 때 이미 리브가의 배 속에 있는 아이들에 대해 하나님은 예언하신다. 여기서 야곱이 하나님의 사랑을 받은 것은 그의 의로운 행실 때문이 아니라, 하나님의 택하심을 따른 은혜로 된 것이다. 하나님은 자신이 원하는 자를 긍휼히 여기시고, 자신이 원하는 자를 완악하게 하신다. 그렇게 해서 이삭이 태어났고, 야곱이 사랑을 받은 것이다.

이처럼 예수 그리스도를 믿고 하나님의 자녀가 되어 하나님의 영광으로 들어가는 것은 하나님의 은혜로 되는 것이다. 인간은 아무것도 아니다.

온 우주 만물 가운데 충만한 것은 오직 하나님의 절대주권적 의지와 능력밖에 없다. 하나님의 은혜의 보좌 앞에 인간의 공로와 업적은 불결한 쓰레기에 불과하다. 거기에는 오직 예수 그리스도의 십자가 구속의 은혜만이 있을 뿐이다.

이스라엘과 이방인

로마서 9:19-29

19절

Ἐρεῖς μοι οὖν· τί οὖν ἔτι μέμφεται; τῷ γὰρ βουλήματι αὐτοῦ τίς ἀνθέστηκεν;

그러므로 당신은 나에게,

"[그러면] 왜 그분이 아직도 질책하시느냐? 누가 그분의 의지를 거역했다는 것이냐?"라고 말할 것이다.

20절

ὦ ἄνθρωπε, μενοῦνγε σὺ τίς εἶ ὁ ἀνταποκρινόμενος τῷ θεῷ; μὴ ἐρεῖ τὸ πλάσμα τῷ πλάσαντι· τί με ἐποίησας οὕτως;

오 사람아, 하나님께 말대꾸하는 너는 도대체 누구냐? 반죽이 빚는 자에게 "당신은 왜 나를 이렇게 만드셨나요?"라고 말할 수 있느냐?

21절

ἢ οὐκ ἔχει ἐξουσίαν ὁ κεραμεὺς τοῦ πηλοῦ ἐκ τοῦ αὐτοῦ φυράματος ποιῆσαι ὃ μὲν εἰς τιμὴν σκεῦος ὃ δὲ εἰς ἀτιμίαν;

혹은 토기장이가 자기의 진흙으로 어떤 것은 귀한 그릇으로 어떤 것은
천한 용도로 만들 권세를 가지고 있지 않다는 것이냐?

22절

εἰ δὲ θέλων ὁ θεὸς ἐνδείξασθαι τὴν ὀργὴν καὶ γνωρίσαι τὸ δυνατὸν
αὐτοῦ ἤνεγκεν ἐν πολλῇ μακροθυμίᾳ σκεύη ὀργῆς κατηρτισμένα εἰς
ἀπώλειαν,

하나님께서 자기의 분노를 나타내시고 자기의 능하심을 알리기를 원하
셔서 멸망을 위하여 준비된 분노의 그릇을 많은 인내 속에서 가져오시고,

23절

καὶ ἵνα γνωρίσῃ τὸν πλοῦτον τῆς δόξης αὐτοῦ ἐπὶ σκεύη ἐλέους
ἃ προητοίμασεν εἰς δόξαν;

그리고 영광을 위하여 미리 준비된 자비의 그릇으로 자기 영광의 풍성함
을 알리셨다면? (당신이 어떻게 하겠는가?)

24절

Οὓς καὶ ἐκάλεσεν ἡμᾶς οὐ μόνον ἐξ Ἰουδαίων ἀλλὰ καὶ ἐξ ἐθνῶν,
그리고 그들 곧 우리를 유대인 중에서뿐만 아니라 이방인 중에서 부르
셨다.

25절

ὡς καὶ ἐν τῷ Ὡσηὲ λέγει·

καλέσω τὸν οὐ λαόν μου λαόν μου

καὶ τὴν οὐκ ἠγαπημένην ἠγαπημένην·

이것은 호세아의 글 속에서,

"내가 나의 백성 아닌 자를 나의 백성이라고

그리고 사랑받지 못한 여자를 사랑받은 여자라고 부를 것이다.

26절

καὶ ἔσται ἐν τῷ τόπῳ οὗ ἐρρέθη αὐτοῖς ·

οὐ λαός μου ὑμεῖς,

ἐκεῖ κληθήσονται υἱοὶ θεοῦ ζῶντος.

그리고 '너희들은 나의 백성이 아니다'라고 말하여진 곳에서

거기에서 그들이 살아계시는 하나님의 아들들이라고 불릴 것이다."

라고 말씀하고 계시는 것과 같다.

27절

Ἡσαΐας δὲ κράζει ὑπὲρ τοῦ Ἰσραήλ·

ἐὰν ᾖ ὁ ἀριθμὸς τῶν υἱῶν Ἰσραὴλ ὡς ἡ ἄμμος τῆς θαλάσσης,

τὸ ὑπόλειμμα σωθήσεται·

그런데 이사야는 이스라엘을 위하여 외치고 있다.

"만약 이스라엘 자손의 숫자가 바다의 모래와 같을지라도, 나머지만 구

원받을 것이다.

28절

λόγον γὰρ συντελῶν καὶ συντέμνων ποιήσει κύριος ἐπὶ τῆς γῆς.

그리고 말씀을 성취하시고 빨리 끝내시는 하나님께서 땅에서 행하실

것이다."

29절

καὶ καθὼς προείρηκεν Ἠσαΐας·

εἰ μὴ κύριος σαβαὼθ ἐγκατέλιπεν ἡμῖν σπέρμα,

ὡς Σόδομα ἂν ἐγενήθημεν καὶ ὡς Γόμορρα ἂν ὡμοιώθημεν.

그리고 그것은 이사야가 미리 말했던 것과 같다.

"만약 주 전능자께서 우리에게 씨를 남겨두지 않으셨다면,

우리는 소돔처럼 되었을 것이고 고모라처럼 되었을 것이다."

해설

　　하나님의 사랑의 방향은 온 인류의 구원에 있다. 하나님의 택하심을 받은 이스라엘은 그 목표를 향해 나아가는 하나님의 계시의 통로로 부르심을 받은 특별한 민족이다. 이스라엘은 이 선교적 사명을 자각하고 하나님의 세계선교에 하나님의 동지로서 적극 참여해야 한다. 그러지 않고 하나님의 택하심과 부르심을 배타적 민족주의나 자기 우월성의 도구로 이용하게 되면 그들은 하나님의 세계선교를 방해하는 원수가 된다.

　　이스라엘에 고난이 들어오는 것은 하나님의 세계선교에 거역하고 세상적 자기만족에 취했기 때문이다. 이스라엘의 이러한 반역적 사상은 그 엄청난 우주적 축복을 받은 이 민족을 재앙의 불구덩이 속으로 몰고 간다.

　　그들은 하나님께서 아브라함에게 약속하신 것처럼 바닷가의 모래알처럼 그 숫자가 불어나지만, 그들 중 극소수의 사람들만 살아남아 겨우 구원받는다. 하나님께서 아브라함의 씨를 남겨 놓지 않으신다면 그들의 운명은 소돔이나 고모라처럼 완전한 파멸을 맞을 것이다. 그것은 하나님께서 아브라함과 맺으신 언약 때문이다. 그래서 그 민족은 아무리 하나님께 반역하고 불순종하여도 씨는 남겨진다.

　　그 민족이 완전히 망하지 않고 살아남게 되는 것은 전적으로 아브라함과 맺으신 언약을 기억하시는 그분의 은혜와 성실성 때문이다.

반면에 사랑받지 못하고 방치되어 있던 이방인들에게는 이스라엘의 실패가 오히려 그들에게 축복의 기회가 된다.

이방인들은 예수 그리스도 안에 계시된 하나님의 구원의 신호를 보고 영광의 주님께로 돌아와 하나님의 축복 속으로 들어간다. 그들은 하나님 나라의 기름진 축복의 밥상을 차지한다.

그러나 이스라엘은 그것을 보고 회개하여 주님께 돌아오는 것이 아니라 오히려 패악을 부리고 하나님께 저항한다. 그러면 그럴수록 하나님께서는 이방인들을 통해 불순종하는 이스라엘을 더욱더 열받게 만들고 배가 아파서 견딜 수 없게 만드신다.

인간은 하나님의 의지를 꺾을 수 없다. 인간적 야망과 세상적 허영심으로 전능자의 의지를 꺾으려고 하는 자는 그의 물질적, 육체적, 정신적 삶의 현실을 통해 전능자의 무시무시한 힘을 경험하게 될 것이다. 왜냐하면 하나님은 환경을 지배하시는 분이기 때문이다. 그것은 어리석은 자의 길이다.

어리석음과 완악함과 교만함은 다 같은 뿌리에서 나오는 썩은 열매들이다. 그 뿌리는 하나님을 향한 불순종과 반역이다. 이스라엘의 역사는 바로 이러한 실패를 보여주는 본보기로 세워져 있다. 그런 점에서 그들은 아직도 계시를 담고 있는 특별한 민족이다.

행위와 믿음

로마서 9:30-33

30절

Τί οὖν ἐροῦμεν; ὅτι ἔθνη τὰ μὴ διώκοντα δικαιοσύνην κατέλαβεν δικαιοσύνην, δικαιοσύνην δὲ τὴν ἐκ πίστεως,

그러므로 우리가 무엇을 말할 것인가? 그것은 의를 좇지 않는 이방인들이 의를 꽉 잡았으니 곧 믿음에서 나온 의요,

31절

Ἰσραὴλ δὲ διώκων νόμον δικαιοσύνης εἰς νόμον οὐκ ἔφθασεν.

그러나 의의 법을 좇는 이스라엘은 그 법에 도달하지 못했다는 것이다.

32절

διὰ τί; ὅτι οὐκ ἐκ πίστεως ἀλλ᾽ ὡς ἐξ ἔργων· προσέκοψαν τῷ λίθῳ τοῦ προσκόμματος,

무엇 때문인가? 믿음으로 하려고 하지 않고 대신에 행위들로 하려고 했기 때문이다. 그들은 걸림돌에 부딪혔으니,

33절

καθὼς γέγραπται·

ἰδοὺ τίθημι ἐν Σιὼν λίθον προσκόμματος καὶ πέτραν σκανδάλου,

καὶ ὁ πιστεύων ἐπ᾽ αὐτῷ οὐ καταισχυνθήσεται.

이는 "보라 내가 시온에 걸림의 돌과 실족의 바위를 놓으리니,

그를 의지하는 자는 수치를 당하지 않을 것이다"라고 기록된 바와 같다.

해설

    하나님께서 시온에 놓으신 걸림돌과 실족의 바위는 예수 그리스도다. 이스라엘은 예수 그리스도라는 바위에 부딪혀 넘어진다. 그 바위는 온 세상을 구원하시려는 하나님의 사랑의 의지다. 그러나 이스라엘은 예수 그리스도를 통해 온 세상을 구원하시려는 하나님의 사랑의 의지를 꺾으려 한다. 그것은 애당초 불가능한 어리석은 반역 행위다.

    그들은 하나님 나라가 아니라 그들 자신의 나라를 세우고 싶어 했다. 예수의 십자가는 그들의 민족적 야망을 실현하는 데 커다란 걸림돌이었다. 그들은 그들의 민족적 야망을 실현하기 위해 그 돌을 제거해야 했다.

    그들은 하나님의 사랑의 의지 대신에 자기들의 세상적 욕망에 복종했다. 하나님의 의의 나라는 그들의 관심사가 아니었다. 하나님의 의의 나라는 율법의 행위로 들어갈 수 없다. 그 나라는 하나님의 종말론적 약속이신 예수 그리스도를 믿음으로 들어갈 수 있는 하나님의 희망의 미래다. 그 하나님의 미래는 예수 그리스도의 구속의 은혜를 통하여 의롭다함을 받은 자들이 차지하는 하나님의 약속의 미래다. 그 약속을 믿는 자들은 은혜에서 시작하여 영원한 은혜 안에 들어간다.

    이스라엘은 끝까지 율법의 행위로 얻는 자기 영광을 추구했다.

그들은 하나님 나라에 실격당한 자들이다. 그런 사상을 가진 사람은 하나님과 함께 살 수 없다.

그러나 그들은 그 돌에 부딪혀 넘어졌을 뿐이지 완전히 박살 난 것은 아니다. 왜냐하면 하나님께서 아브라함과 맺으신 언약의 뿌리가 남아있기 때문이다.

율법의 끝

로마서 10:1-4

1절

Ἀδελφοί, ἡ μὲν εὐδοκία τῆς ἐμῆς καρδίας καὶ ἡ δέησις πρὸς τὸν θεὸν ὑπὲρ αὐτῶν εἰς σωτηρίαν.

형제들이여, 내 마음의 소원과 그들(이스라엘 백성)을 위하여 하나님을 향해 간구하는 것은 구원을 위한 것이다.

2절

μαρτυρῶ γὰρ αὐτοῖς ὅτι ζῆλον θεοῦ ἔχουσιν ἀλλ᾽ οὐ κατ᾽ ἐπίγνωσιν·

참으로 나는 그들에게 그들은 하나님을 향한 열심을 가지고 있으나 지식을 따른 것이 아니라고 증거하고 있다.

3절

ἀγνοοῦντες γὰρ τὴν τοῦ θεοῦ δικαιοσύνην καὶ τὴν ἰδίαν δικαιοσύνην ζητοῦντες στῆσαι, τῇ δικαιοσύνῃ τοῦ θεοῦ οὐχ ὑπετάγησαν.

참으로 그들은 하나님의 의를 모르고 자기의 의를 세우려고 시도하면서,
하나님의 의에 복종하지 않았다.

4절

τέλος γὰρ νόμου Χριστὸς εἰς δικαιοσύνην παντὶ τῷ πιστεύοντι.

참으로 그리스도는 모든 믿는 자에게 의를 위한 율법의 끝이다.

해설

유대교 율법 시대는 예수의 십자가에서 끝났다. 그것은 하나님께서 예수의 몸에 세상의 모든 죄를 들여보내 그를 영원한 속죄의 제물로 삼아 율법의 요구를 완성하셨기 때문이다.

그러므로 이제 십자가에 죽으시고 부활한 예수의 몸 안에서 하나님의 은혜의 보좌 앞으로 나아가는 길이 열리게 되었다. 그것은 율법의 열심으로 들어가는 것이 아니라 하나님의 거저 주시는 은혜를 감사함으로 받는 믿음으로 들어가는 의의 세계다.

이제 율법의 시대는 가고 은혜의 시대가 열렸다. 그러므로 율법의 행위를 통해 자기의 의를 세우려는 유대인들의 노력은 시대착오적인 퇴행이다.

바울은 하나님의 은혜의 손길을 뿌리치고 패악을 부리며 저항하는 자기 민족을 위하여 큰 슬픔과 고통 속에서 그들의 구원을 위해 기도하고 있다.

이스라엘의 불순종

로마서 10:5-21

5절

Μωϋσῆς γὰρ γράφει τὴν δικαιοσύνην τὴν ἐκ τοῦ νόμου ὅτι ὁ ποιήσας αὐτὰ ἄνθρωπος ζήσεται ἐν αὐτοῖς.

모세는 율법으로 생기는 의를 쓰고 있는데, 그것은

'그것들을 행하는 사람은 그것들 안에서 살 것이다'라는 것이다.

6절

ἡ δὲ ἐκ πίστεως δικαιοσύνη οὕτως λέγει· μὴ εἴπῃς ἐν τῇ καρδίᾳ σου· τίς ἀναβήσεται εἰς τὸν οὐρανόν; τοῦτ᾽ ἔστιν Χριστὸν καταγαγεῖν·

그러나 믿음에서 생기는 의는 이렇게 말하고 있다.

"너의 마음으로 '누가 하늘에 올라갈 것이냐?'라고 말하지 말라. 이것은 그리스도를 끌어내리는 것이다.

7절

ἤ· τίς καταβήσεται εἰς τὴν ἄβυσσον; τοῦτ᾽ ἔστιν Χριστὸν ἐκ νεκρῶν ἀναγαγεῖν.

혹은 '누가 무저갱으로 내려갈 것인가?'라고 말하지 말라.

이것은 그리스도를 죽은 자들 가운데서 끌어올리는 것이다."

8절

ἀλλὰ τί λέγει;

ἐγγύς σου τὸ ῥῆμά ἐστιν ἐν τῷ στόματί σου καὶ ἐν τῇ καρδίᾳ σου,
τοῦτ᾽ ἔστιν τὸ ῥῆμα τῆς πίστεως ὃ κηρύσσομεν.

반면에 그것은 무엇을 말하고 있는가?

"말씀이 너의 가까이에 너의 입과 너의 마음에 있으니, 곧 우리가 선포하
고 있는 믿음의 말씀이다."

9절

ὅτι ἐὰν ὁμολογήσῃς ἐν τῷ στόματί σου κύριον Ἰησοῦν καὶ πιστεύσ
ῃς ἐν τῇ καρδίᾳ σου ὅτι ὁ θεὸς αὐτὸν ἤγειρεν ἐκ νεκρῶν, σωθήσῃ·

그것은 만약 네가 네 입으로 예수를 주님이라고 고백하고, 하나님께서
그를 죽은 자들 가운데서 일으키신 것을 너의 마음으로 믿으면 너는 구원
받을 것이기 때문이다.

10절

καρδίᾳ γὰρ πιστεύεται εἰς δικαιοσύνην, στόματι δὲ ὁμολογεῖται
εἰς σωτηρίαν.

참으로 마음에 믿어져서 의에 이르고, 입으로 고백하여 구원에 이른다.

11절

λέγει γὰρ ἡ γραφή· πᾶς ὁ πιστεύων ἐπ' αὐτῷ οὐ καταισχυνθήσεται.

왜냐하면 성경은 "그를 믿는 모든 자는 수치를 당하지 않을 것이다."
라고 말하고 있기 때문이다.

12절

οὐ γάρ ἐστιν διαστολὴ Ἰουδαίου τε καὶ Ἕλληνος, ὁ γὰρ αὐτὸς
κύριος πάντων, πλουτῶν εἰς πάντας τοὺς ἐπικαλουμένους αὐτόν·

그러므로 유대인과 헬라인의 차별이 없다. 왜냐하면 그분은 모든 사람의
주님이시며, 그분을 부르는 모든 사람에게 부요하신 분이시기 때문이
다.

13절

πᾶς γὰρ ὃς ἂν ἐπικαλέσηται τὸ ὄνομα κυρίου σωθήσεται.

"참으로 주님의 이름을 부르는 모든 사람은 구원받을 것이다."

14절

Πῶς οὖν ἐπικαλέσωνται εἰς ὃν οὐκ ἐπίστευσαν; πῶς δὲ πιστεύσωσιν
οὗ οὐκ ἤκουσαν; πῶς δὲ ἀκούσωσιν χωρὶς κηρύσσοντος;

그러므로 사람들이 믿지 않는 그분을 어떻게 부를 것인가? 듣지 않은

그분을 어떻게 믿을 것인가? 그런데 선포하는 자 없이 어떻게 그들이 들을 것인가?

15절

πῶς δὲ κηρύξωσιν ἐὰν μὴ ἀποσταλῶσιν; καθὼς γέγραπται· ὡς ὡραῖοι οἱ οἱ πόδες τῶν εὐαγγελιζομένων τὰ ἀγαθά.

그런데 그들이 보내심을 받지 않았다면 어떻게 선포하겠는가? 그것은 "좋은 것을 전파하는 자들의 발은 얼마나 아름다운가!"라고 기록된 것과 같다.

16절

Ἀλλ' οὐ πάντες ὑπήκουσαν τῷ εὐαγγελίῳ. Ἡσαΐας γὰρ λέγει· κύριε, τίς ἐπίστευσεν τῇ ἀκοῇ ἡμῶν;

그러나 모든 사람이 기쁜 소식에 복종하지 않았다. 왜냐하면 이사야가 "주님, 누가 우리의 소식을 믿었나이까?"라고 말하고 있기 때문이다.

17절

ἄρα ἡ πίστις ἐξ ἀκοῆς, ἡ δὲ ἀκοὴ διὰ ῥήματος Χριστοῦ.

진정 믿음은 들음에서 생기고, 들음은 그리스도의 말씀을 통해 생긴다.

18절

ἀλλὰ λέγω, μὴ οὐκ ἤκουσαν; μενοῦνγε·

εἰς πᾶσαν τὴν γῆν ἐξῆλθεν ὁ φθόγγος αὐτῶν

καὶ εἰς τὰ πέρατα τῆς οἰκουμένης τὰ ῥήματα αὐτῶν.

그러나 나는 말한다. 그들이 듣지 않았다는 것이냐? 오히려 온 땅에 그들의 소리가 나갔고, 거주지의 끝까지 그들의 말씀들이 (나갔다).

19절

ἀλλὰ λέγω, μὴ Ἰσραὴλ οὐκ ἔγνω; πρῶτος Μωϋσῆς λέγει·

ἐγὼ παραζηλώσω ὑμᾶς ἐπ᾿ οὐκ ἔθνει,

ἐπ᾿ ἔθνει ἀσυνέτῳ παροργιῶ ὑμᾶς.

내가 말한다. 이스라엘이 알지 못하였느냐? 처음에 모세가 말한다.

"내가 민족이 아닌 자로 너희들을 질투심에 불타게 할 것이며,

깨닫지 못하는 민족으로 너희들을 몹시 화나게 할 것이다."

20절

Ἠσαΐας δὲ ἀποτολμᾷ καὶ λέγει·

εὑρέθην ἐν τοῖς ἐμὲ μὴ ζητοῦσιν,

ἐμφανὴς ἐγενόμην τοῖς ἐμὲ μὴ ἐπερωτῶσιν.

그런데 이사야는 담대하게 말한다.

"내가 나를 찾지 않는 자들에게 발견되었고, 나에게 묻지 않았던 사람들에게 명백히 밝혀졌다."

21절

πρὸς δὲ τὸν Ἰσραὴλ λέγει· ὅλην τὴν ἡμέραν ἐξεπέτασα τὰς χεῖράς μου πρὸς λαὸν ἀπειθοῦντα καὶ ἀντιλέγοντα.

그런데 그는 이스라엘을 향하여 말하고 있다.

"내가 온종일 불순종하며 거역하는 백성을 향하여 나의 손을 펼쳤다."

해설

구원의 말씀은 멀리 있지 않고 가까이에 있다. 그것은 우리의 입에 있고, 마음에 있다. 우리는 입으로 시인하여 구원에 이르고, 마음으로 믿어 의에 이른다.

그러므로 하늘에 올라가서 거기에 그리스도가 계신지 확인할 필요가 없다. 또 음부에 내려가 거기에 그리스도께서 내려가셨던 적이 있는지 확인할 필요가 없다. 왜냐하면 믿음의 말씀이 계속 선포되고 있기 때문이다.

이스라엘이 믿지 않고 구원받지 못하는 것은 그들이 은혜의 말씀을 듣지 못했기 때문이 아니다. 그들은 하나님이 보내신 예언자들을 통해 항상 말씀을 듣고 있었다. 그들은 모르는 것이 아니었다. 그들은 뻔히 알면서도 불순종하고 반역했다. 그러므로 그들의 불순종과 반역은 의도적이고 의식적이다.

하나님께서는 항상 자기의 백성 이스라엘을 향하여 은혜의 손길을 뻗고 계셨다. 그러나 그들은 항상 불순종하고 거역했다. 그러므로 하나님께서는 이스라엘이 멸시하는 다른 민족을 통해 이스라엘을 배 아프게 만드시고, 이스라엘이 무시하는 어리석은 민족을 통해 이스라엘을 열받게 만드신다. 그리고 하나님을 찾지 않았던 자들에게 자기를 보여주시고, 하나님께 물어보지 않았던 자들에게 자기를 나타내신다.

그러면 그럴수록 이스라엘은 더욱더 패악질하며 반항한다. 그런데도 이스라엘의 하나님은 자기 백성을 향하여 계속해서 은혜의 손길을 거두지 않고 계신다. 그것은 아브라함과 맺으신 언약 때문이다.

여기에 하나님의 성실성이 있다. 이것은 하나님의 성실성과 이스라엘의 불순종이 교차하는 길고 긴 사랑 이야기다.

남은 자들

로마서 11:1-10

1절

Λέγω οὖν, μὴ ἀπώσατο ὁ θεὸς τὸν λαὸν αὐτοῦ; μὴ γένοιτο· καὶ γὰρ ἐγὼ Ἰσραηλίτης εἰμί, ἐκ σπέρματος Ἀβραάμ, φυλῆς Βενιαμίν.

그러므로 나는 말한다. 하나님께서 자기의 백성을 내치셨는가? 그럴 수 없다. 왜냐하면 나도 이스라엘 사람이고, 아브라함의 후손이고, 베냐민 지파 출신이기 때문이다.

2절

οὐκ ἀπώσατο ὁ θεὸς τὸν λαὸν αὐτοῦ ὃν προέγνω. ἢ οὐκ οἴδατε ἐν Ἠλίᾳ τί λέγει ἡ γραφή, ὡς ἐντυγχάνει τῷ θεῷ κατὰ τοῦ Ἰσραήλ;

하나님께서는 그가 미리 아신 자기의 백성을 내치지 않으셨다. 혹은 여러분은 엘리야에 대해서 그가 이스라엘을 대적하여 하나님께 탄원할 때 성경이 무엇을 말하고 있는지를 알지 못하느냐?

3절

κύριε, τοὺς προφήτας σου ἀπέκτειναν, τὰ θυσιαστήριά σου κατέσκ
αψαν, κἀγὼ ὑπελείφθην μόνος καὶ ζητοῦσιν τὴν ψυχήν μου.

"주님, 저들이 당신의 예언자들을 죽이고 당신의 제단들을 엎어버리고
나만 홀로 남겨졌는데, 그들은 나의 목숨을 찾고 있습니다."

4절

ἀλλὰ τί λέγει αὐτῷ ὁ χρηματισμός; κατέλιπον ἐμαυτῷ ἑπτακισχίλιο
υς ἄνδρας, οἵτινες οὐκ ἔκαμψαν γόνυ τῇ Βάαλ.

그러나 응답은 그에게 무엇을 말씀하고 있는가?
"나는 나 자신을 위해 바알에게 무릎을 꿇지 않은 7,000명의 사람을 남겨
두었다."

5절

οὕτως οὖν καὶ ἐν τῷ νῦν καιρῷ λεῖμμα κατ᾽ ἐκλογὴν χάριτος
γέγονεν·

그러므로 이처럼 지금 이때에도 은혜의 택하심을 따른 남은 자들이 있다.

6절

εἰ δὲ χάριτι, οὐκέτι ἐξ ἔργων, ἐπεὶ ἡ χάρις οὐκέτι γίνεται χάρις.

그런데 만약 은혜로 된 것이면 더 이상 행위들로 되는 것이 아니다. 그렇지
않으면 은혜가 더 이상 은혜가 되지 못하기 때문이다.

7절

Τί οὖν; ὃ ἐπιζητεῖ Ἰσραήλ, τοῦτο οὐκ ἐπέτυχεν, ἡ δὲ ἐκλογὴ ἐπέτυχεν· οἱ δὲ λοιποὶ ἐπωρώθησαν,

그러므로 무엇이냐? 이스라엘이 열심히 추구한 그것을 이스라엘은 얻지 못했다. 그런데 택하심을 입은 자는 얻었다. 그리고 나머지는 완악해졌다.

8절

καθὼς γέγραπται·

ἔδωκεν αὐτοῖς ὁ θεὸς πνεῦμα κατανύξεως,

ὀφθαλμοὺς τοῦ μὴ βλέπειν καὶ ὦτα τοῦ μὴ ἀκούειν,

ἕως τῆς σήμερον ἡμέρας.

이것은 "하나님께서 오늘까지 그들에게 몽롱한 영과 보지 못하는 눈과 듣지 못하는 귀를 주셨다"라고 기록된 바와 같다.

9절

καὶ Δαυὶδ λέγει·

γενηθήτω ἡ τράπεζα αὐτῶν εἰς παγίδα καὶ εἰς θήραν καὶ εἰς σκάνδαλον καὶ εἰς ἀνταπόδομα αὐτοῖς,

그리고 다윗은 말하고 있다.

"그들의 식탁은 그들에게 올가미와 함정과 걸려 넘어지게 하는 것과 응징이 되게 하시고,

10절

σκοτισθήτωσαν οἱ ὀφθαλμοὶ αὐτῶν τοῦ μὴ βλέπειν

καὶ τὸν νῶτον αὐτῶν διὰ παντὸς σύγκαμψον.

그들의 눈들은 어두워져서 보지 못하고 그들의 등은 항상 구부러져 있게

하소서."

해설

    이스라엘의 불순종과 반역으로 인해 하나님과 이스라엘의 관계는 파기되어야 마땅하다. 하나님과 이스라엘은 계약 관계다. 계약은 당사자들의 상호 성실성이 있을 때만 유효하다.

    인류 역사상 자기들의 신에 대하여 이토록 불성실한 민족은 없었다. 그러나 하나님은 이스라엘을 내치지 않으신다. 그것은 그가 아브라함과 맺으신 영원한 언약이 있었기 때문이다.

    그가 아브라함과 맺으신 언약은 아브라함의 믿음에 기초한 인격적 신뢰 관계였다. 이 신뢰 관계는 영원히 결코 깨질 수 없다. 그것은 믿음으로 맺어진 의의 관계였기 때문이다.

    그러나 그 후 모세를 통해 이스라엘과 맺으신 것은 법률적 계약 관계다. 법률적 계약 관계는 당사자의 불성실이 드러나면 파기되어 비정하게 남남으로 돌아선다. 거기에 그 어떤 관용이나 상대방에 대한 배려는 있을 수 없다. 그러나 이스라엘은 율법을 통한 하나님의 의의 요구를 충족시키지 못한다. 그것은 율법이 하나님의 완전성을 요구하고 있기 때문이다.

    연약한 육체인 인간은 하나님이 요구하시는 완전한 의에 도달할 수 없다. 그런데도 하나님은 이스라엘에게 그것을 요구하신다. 여기에는 아담의 범죄로 인한 인류에 대한 하나님의 보편적 응징과 보복 의지가 담겨 있기 때문이다.

아담은 자기의 지혜와 능력으로 자신의 왕국을 건설하기 위해 하나님의 은혜와 사랑과 축복의 손길을 뿌리친 사람이다. 그것은 그의 주체적이고 의지적인 인격적 결단과 선택이었다. 그의 선택과 결단은 우주적 성격을 갖는다. 왜냐하면 그는 하나님의 형상을 따라 지음 받았을 뿐 아니라 하나님의 피조세계를 다스리는 권세를 받았기 때문이다.

그의 범죄로 인해 하나님의 창조질서는 파괴되고 땅은 저주를 받는다. 하나님은 아담을 은혜의 동산에서 쫓아내시고 빙글빙글 도는 불칼로 생명나무로 가는 길목을 차단하신다. 그리고 하나님은 인간에 대한 불신과 웅징의 의지를 불태우게 된다. 인간이 하나님의 은혜를 배신으로 갚았기 때문이다.

그 결정판이 노아 시대의 대홍수 심판이다. 하나님께서 모세와 맺으신 법률적 계약 관계 속에는 아직도 하나님의 불신과 복수 의지가 불타고 있다. 그것은 믿음의 의를 기초로 한 아브라함과의 계약과는 근본적으로 다르다.

아브라함은 여호와의 말씀을 믿고, 그 말씀 안에서 죽은 자를 살리고 없는 것을 있는 것처럼 불러내시는 하나님의 능력을 통해 하나님의 은혜와 사랑과 축복으로 들어간 사람이다. 그는 하나님과 인격적 사랑을 나누는 하나님의 친구가 되었다. 아브라함의 장막은 이 세상에 임재한 하나님 나라였다. 하나님과 아브라함의 관계는 믿음의 의를 기초로 한 인격적 생명의 관계였다.

그러나 모세의 율법 아래서 맺어진 하나님과 이스라엘의 관계는 집단적 계약 관계다. 이 집단적 계약 관계는 하나님의 형상인 인간의 인격적 주체성에 기초한 믿음의 관계가 아니다. 그것은 법률적 요구 사항에 대한 절대적 복종을 요구하는 행위의 법이다. 그런 점에서 율법을 통한 집단적 계약 관계는 노예계약이다.

이러한 집단적 노예계약은 인간을 하나님과의 인격적 사랑에 기초한 생명의 관계로 되돌릴 수 없다. 그것은 근본적으로 노예계약이며 죽음의 관계다. 왜냐하면 인간은 행위로는 하나님의 의에 도달할 수 없기 때문이다.

하나님은 이스라엘의 불성실에 대해 이 법적 관계를 해소할 수 있는 권리를 갖고 있다. 출애굽 후 광야에서 이스라엘 백성의 불신앙과 계속되는 반역에 질려 이 백성과의 관계를 깨끗하게 청산하겠다고 모세에게 선언하신다. 그때 모세는 하나님과 백성 사이에서 중재하며 하나님의 분노를 잠재운다. 모세의 자기희생이라는 대속물이 있었기 때문이다. 그런 점에서 모세의 중재는 예수 그리스도의 영원한 대속적 죽음을 통한 하나님과 화해의 모형이라고 할 수 있다.

아브라함과의 인격적 사랑과 은혜의 관계를 모세의 율법을 통해 집단적으로 확대하시려는 하나님의 의지는 계속되는 인간의 불성실 때문에 번번이 실패한다. 그것은 인간 육체의 연약함 때문에 근본적으로 성공할 수 없는 것이었다. 그러므로 그 율법적 관계는 하나님께서 원하시는 본질적 관계가 아니라는 것을 알 수 있다.

하나님은 결단코 실패자가 될 수 없는 분이시다. 하나님은 인간의 연약함으로 인한 율법의 한계를 자신의 본질인 사랑을 통해 돌파하신다. 하나님께서는 자기 아들의 피로 그들의 모든 죄악과 연약함을 덮어버리시고 자기의 의로움을 드러내신다. 그리고 더 이상 율법의 행위가 아닌 아브라함의 믿음으로 들어가는 하나님의 의의 세계를 계시하신다.

이것이 바로 그가 창세 전부터 감추어 두셨던 영원한 비밀인 예수 그리스도를 통한 구속이다. 하나님은 이스라엘의 불순종과 반역을 오히려 예수 그리스도를 통한 인류 구원이라는 더 담대한 계획으로 뛰어넘으심으로써 자신의 위대성을 계시하시는 영광의 하나님이시다.

그러나 하나님의 본 백성 이스라엘은 이 하나님의 은혜의 손길을 뿌리치고 하나님의 인류 구원의 위대한 사랑에 저항하는 훼방자로 나섰다. 그 결과 이스라엘 민족의 삶은 다윗이 기도했던 바와 같이 하나님의 기름진 밥상에서 쫓겨나 그들의 불순종과 반역에 합당한 대가를 치르고 있다. 그러나 하나님과 이스라엘의 관계는 완전한 파멸로 끝나지 않는다. 하나님께서는 이스라엘에 택하심을 입은 자들을 남겨두신다. 그것은 그가 아브라함과 맺으신 영원한 언약 때문이다.

요한계시록 14장에는 144,000명의 이스라엘 민족의 숫자가 나온다. 그들은 이스라엘의 12지파에 각각 12,000명씩 배당되어 있다. 아브라함, 이삭, 야곱 이래 무수히 많은 이스라엘 자손이 생겼으나, 그중에서 예수 그리스도를 끝까지 목숨 바쳐 사랑하고 따라간 자들의 숫자가 그것이라는 것이다. 지극히 적은 숫자인 이 사람들이 바로 이스라엘의 남은 자들이다.

이스라엘의 회복

로마서 11:11-24

11절

Λέγω οὖν, μὴ ἔπταισαν ἵνα πέσωσιν; μὴ γένοιτο· ἀλλὰ τῷ αὐτῶν παραπτώματι ἡ σωτηρία τοῖς ἔθνεσιν εἰς τὸ παραζηλῶσαι αὐτούς.

그러므로 나는 말한다. 그들이 엎어지도록 넘어졌는가? 그럴 수 없다. 대신에 그들의 범죄로 이방인에게 구원이 온 것은 그들을 질투심에 불타게 하시려는 것이다.

12절

εἰ δὲ τὸ παράπτωμα αὐτῶν πλοῦτος κόσμου καὶ τὸ ἥττημα αὐτῶν πλοῦτος ἐθνῶν, πόσῳ μᾶλλον τὸ πλήρωμα αὐτῶν.

그런데 그들의 범죄가 세상의 풍부함이고 그들의 부족함이 이방인들의 풍부함이 되었다면, 그들의 충만함은 얼마나 더욱 풍성하겠는가!

13절

Ὑμῖν δὲ λέγω τοῖς ἔθνεσιν· ἐφ᾽ ὅσον μὲν οὖν εἰμι ἐγὼ ἐθνῶν ἀπόστο λος, τὴν διακονίαν μου δοξάζω,

그러나 나는 이방인인 여러분에게 말한다.

내가 이방인들의 사도인 만큼 나는 나의 섬김을 영광스럽게 생각한다.

14절

εἴ πως παραζηλώσω μου τὴν σάρκα καὶ σώσω τινὰς ἐξ αὐτῶν.

어떻게 해서든지 나는 나의 혈육을 질투심에 불타게 해서 그들 중의 몇

사람을 구원할 것이다.

15절

εἰ γὰρ ἡ ἀποβολὴ αὐτῶν καταλλαγὴ κόσμου, τίς ἡ πρόσλημψις
εἰ μὴ ζωὴ ἐκ νεκρῶν;

만약 그들을 던져버림이 세상의 화해가 되었다면, 그들을 받아들임은

죽은 자들 가운데서 살아남이 아니고 무엇이겠느냐?

16절

εἰ δὲ ἡ ἀπαρχὴ ἁγία, καὶ τὸ φύραμα· καὶ εἰ ἡ ῥίζα ἁγία, καὶ οἱ
κλάδοι.

만약 첫 열매가 거룩하면 반죽도 거룩하다. 그리고 뿌리가 거룩하면 가지

들도 거룩하다.

17절

Εἰ δέ τινες τῶν κλάδων ἐξεκλάσθησαν, σὺ δὲ ἀγριέλαιος ὢν ἐνεκεντρίσθης ἐν αὐτοῖς καὶ συγκοινωνὸς τῆς ῥίζης τῆς πιότητος τῆς ἐλαίας ἐγένου,

만약 가지 중의 어떤 것들이 꺾여졌고, 야생 올리브 나무인 당신이 그들에게 접붙여져서 그 올리브 나무의 뿌리의 기름짐에 동참하게 되었다면,

18절

μὴ κατακαυχῶ τῶν κλάδων· εἰ δὲ κατακαυχᾶσαι οὐ σὺ τὴν ῥίζαν βαστάζεις ἀλλ᾽ ἡ ῥίζα σέ.

당신은 가지들을 자랑하지 말라. 당신이 자랑할지라도 당신이 뿌리를 지탱하는 것이 아니라 뿌리가 당신을 지탱하는 것이다.

19절

ἐρεῖς οὖν· ἐξεκλάσθησαν κλάδοι ἵνα ἐγὼ ἐγκεντρισθῶ.

그러면 당신은 "내가 접붙여지기 위해 가지들이 꺾인 것이다"
라고 말할 것이다.

20절

καλῶς· τῇ ἀπιστίᾳ ἐξεκλάσθησαν, σὺ δὲ τῇ πίστει ἕστηκας. μὴ ὑψηλὰ φρόνει ἀλλὰ φοβοῦ·

좋다. 그들은 불신앙으로 꺾여졌고, 당신은 믿음으로 섰다. 당신은 높은

것을 생각하지 말고 대신에 두려워하라.

21절

εἰ γὰρ ὁ θεὸς τῶν κατὰ φύσιν κλάδων οὐκ ἐφείσατο, μή πως οὐδὲ σοῦ φείσεται.

만약에 하나님께서 본래의 가지들을 아끼지 않으셨다면, 당신도 아끼지 않으실 것이다.

22절

ἴδε οὖν χρηστότητα καὶ ἀποτομίαν θεοῦ· ἐπὶ μὲν τοὺς πεσόντας ἀποτομία, ἐπὶ δὲ σὲ χρηστότης θεοῦ, ἐὰν ἐπιμένῃς τῇ χρηστότητι, ἐπεὶ καὶ σὺ ἐκκοπήσῃ.

그러므로 하나님의 인자하심과 준엄하심을 보라. 넘어진 자들 위에는 준엄하심이, 당신 위에는 하나님의 인자하심이 있다. 만약 당신이 인자하심에 계속 머물러 있지 않으면, 당신도 잘릴 것이다.

23절

κἀκεῖνοι δέ, ἐὰν μὴ ἐπιμένωσιν τῇ ἀπιστίᾳ, ἐγκεντρισθήσονται· δυνατὸς γάρ ἐστιν ὁ θεὸς πάλιν ἐγκεντρίσαι αὐτούς.

그런데 만약 저들도 불신앙에 계속 머물지 않는다면 접붙여질 것이다. 왜냐하면 하나님은 능히 그들을 다시 접붙일 수 있는 분이기 때문이다.

24절

εἰ γὰρ σὺ ἐκ τῆς κατὰ φύσιν ἐξεκόπης ἀγριελαίου καὶ παρὰ φύσιν ἐνεκεντρίσθης εἰς καλλιέλαιον, πόσῳ μᾶλλον οὗτοι οἱ κατὰ φύσιν ἐγκεντρισθήσονται τῇ ἰδίᾳ ἐλαίᾳ.

만약 당신이 본래의 야생 올리브 나무에서 잘려서 본래의 것이 아닌 고상한 올리브 나무에 접붙여졌다면, 본래의 것인 이들은 얼마나 더 잘 자기 본래의 올리브 나무에 접붙여지겠는가!

해설

　이스라엘의 불신앙은 온 세상에 구원의 기회가 되었다. 이스라엘은 하나님의 돌보심을 받고 있는 고상한 올리브나무다. 이방인들은 방치된 야생 올리브나무들이다. 하나님의 동산에서 사랑받으며 자라던 올리브나무 가지가 꺾여진 것은 주인에게 기쁨이 되는 열매를 맺지 않았기 때문이다. 그 대신 야생 올리브나무 가지가 그 자리에 접붙여진 것은 하나님의 동산에 살고 있던 올리브나무 가지가 불순종해서 그 자리에서 잘려 나갔기 때문이다.

　그는 이제 사랑받지 못하던 야생 올리브나무 가지에서 사랑받는 고상한 올리브나무 가지로 신분이 바뀌었다. 그는 고상한 올리브나무의 뿌리로부터 기름진 축복과 사랑을 흡족하게 공급받게 되었다. 그는 하나님의 인자하심을 입었다.

　고상한 올리브나무에 접붙여진 야생 올리브 가지는 자랑할 것이 없다. 왜냐하면 그는 본래 자기의 나무가 아닌 다른 나무에 접붙여졌기 때문이다. 반면에 하나님의 보살핌 속에 있던 고상한 올리브나무 가지는 본래의 자기 나무에서 잘려 나가 야생의 세계에 내던져진다. 그는 기름진 축복과 사랑으로부터 분리되어 거친 삶을 살게 된다. 그것은 자신을 사랑으로 보살피던 하나님의 은혜의 손길을 거절하였기 때문이다.

　그에게는 하나님의 준엄함이 임했다. 그는 자기 대신에 야생 올리브나무 가지가 그 자리에 접붙여져서 하나님의 기름진 축복과 사랑을 풍성하게 공급받고 통통하게 살찌는 것을 보고 배가 아파 견딜 수가 없다. 그는 심술이 나서 더욱더 하나님께 반항한다.

그에게 구원의 길은 회개하고 하나님의 은혜와 사랑의 품으로 돌아오는 것이다. 그러면 하나님께서는 그들을 다시 고상한 올리브나무에 접붙여 주실 것이다. 그러나 그들이 계속해서 패악을 부리고 하나님의 의지를 굴복시키려고 한다면 그들은 멸망 당할 것이다.

성경은 세상 끝날에는 이스라엘이 회개하여 예수 그리스도의 품으로 돌아올 것이라는 종말론적 예언을 하고 있다.

하나님의 영광

로마서 11:25-36

25절

Οὐ γὰρ θέλω ὑμᾶς ἀγνοεῖν, ἀδελφοί, τὸ μυστήριον τοῦτο, ἵνα μὴ ἦτέ παρ᾽ ἑαυτοῖς φρόνιμοι, ὅτι πώρωσις ἀπὸ μέρους τῷ Ἰσραὴλ γέγονεν ἄχρι οὗ τὸ πλήρωμα τῶν ἐθνῶν εἰσέλθη

나는 여러분이 이 비밀을 모르기를 원치 않는다. 형제들이여, 그것은 여러분이 스스로 어리석은 자들이 되지 않게 하려 함이니, 이방인들의 충만함이 들어올 때까지 이스라엘에 부분적으로 완악함이 있다는 것이다.

26절

καὶ οὕτως πᾶς Ἰσραὴλ σωθήσεται, καθὼς γέγραπται·

ἥξει ἐκ Σιὼν ὁ ῥυόμενος,

ἀποστρέψει ἀσεβείας ἀπὸ Ἰακώβ.

그리고 이처럼 모든 이스라엘이 구원받을 것이다. 그것은,

"구원하는 자가 시온에서 와서

야곱에게서 불경건한 것들을 돌려놓을 것이다

27절

καὶ αὕτη αὐτοῖς ἡ παρ᾽ ἐμοῦ διαθήκη,

ὅταν ἀφέλωμαι τὰς ἁμαρτίας αὐτῶν.

내가 그들의 죄를 용서할 때

그들에 대한 나의 계약은 이것이다"라고 기록된 바와 같다.

28절

κατὰ μὲν τὸ εὐαγγέλιον ἐχθροὶ δι᾽ ὑμᾶς, κατὰ δὲ τὴν ἐκλογὴν ἀγαπη

τοὶ διὰ τοὺς πατέρας·

그들은 복음을 따라서는 여러분 때문에 (하나님의) 원수들이지만, 택하

심을 따라서는 조상들 때문에 (하나님의) 사랑받는 자들이다.

29절

ἀμεταμέλητα γὰρ τὰ χαρίσματα καὶ ἡ κλῆσις τοῦ θεοῦ.

왜냐하면 하나님의 은사와 부르심은 돌이킬 수 없는 것들이기 때문이다.

30절

ὥσπερ γὰρ ὑμεῖς ποτε ἠπειθήσατε τῷ θεῷ, νῦν δὲ ἠλεήθητε τῇ τούτ

ων ἀπειθείᾳ,

이처럼 여러분도 그때는 하나님께 불순종했으나, 지금은 이들의 불순종

때문에 긍휼을 입었다.

31절

οὕτως καὶ οὗτοι νῦν ἠπείθησαν τῷ ὑμετέρῳ ἐλέει, ἵνα καὶ αὐτοὶ
῎νῦν ἐλεηθῶσιν.

이처럼 이들도 지금은 여러분의 긍휼에 대해 불순종하는 것은, 그들도
[지금] 긍휼히 여김을 받기 위함이다.

32절

συνέκλεισεν γὰρ ὁ θεὸς τοὺς πάντας εἰς ἀπείθειαν, ἵνα τοὺς πάντας
ἐλεήσῃ.

왜냐하면 하나님께서는 모든 사람을 긍휼히 여기시기 위해 모든 사람을
불순종에 가두어 버리셨기 때문이다.

33절

Ὦ βάθος πλούτου καὶ σοφίας καὶ γνώσεως θεοῦ· ὡς ἀνεξεραύνητα
τὰ κρίματα αὐτοῦ καὶ ἀνεξιχνίαστοι αἱ ὁδοὶ αὐτοῦ.

오 하나님의 풍부하심과 지혜와 지식의 깊음이여!
그리하여 그분의 판단은 파악할 수 없고 그분의 길들은 찾아낼 수 없다.

34절

τίς γὰρ ἔγνω νοῦν κυρίου;

ἢ τίς σύμβουλος αὐτοῦ ἐγένετο;

누가 그분의 생각을 알았느냐?

혹은 누가 그분의 참모가 되었느냐?

35절

ἢ τίς προέδωκεν αὐτῷ,

καὶ ἀνταποδοθήσεται αὐτῷ;

혹은 누가 그분에게 미리 드려서,

그분에게서 돌려받을 것이냐.

36절

ὅτι ἐξ αὐτοῦ καὶ δι᾽ αὐτοῦ καὶ εἰς αὐτὸν τὰ πάντα· αὐτῷ ἡ δόξα εἰς τοὺς αἰῶνας, ἀμήν.

왜냐하면 만물이 그분에게서 나왔고, 그분을 통해 생겼고, 그분을 위해 존재하기 때문이다. 그분에게 영광이 세세토록 있을지어다, 아멘.

해설

　하나님께서는 모든 사람에게 긍휼을 베푸시기 위해 먼저 모든 사람을 불순종에 가두어 버리신다. 그것은 모든 사람에게 하나님의 의를 나타내시기 위해 모든 사람을 율법의 정죄 아래 가두어 버리신 것과 같다. 이로써 구원은 하나님의 은혜로만 된다는 것을 보여주신다.

　하나님의 지혜와 사랑은 측량할 수 없다. 만물을 자신의 지혜로 불러내신 하나님께서는 자신의 긍휼로 세상을 구원하신다. 만물의 창조도 세상의 구원도 하나님의 영광을 위한 것이다.

　하나님은 모든 것을 통하여 자신의 영광을 계시하시는 영원한 영광의 본체이시다.

존재와 은사

로마서 12:1-8

1절

Παρακαλῶ οὖν ὑμᾶς, ἀδελφοί, διὰ τῶν οἰκτιρμῶν τοῦ θεοῦ παραστ
ῆσαι τὰ σώματα ὑμῶν θυσίαν ζῶσαν ἁγίαν εὐάρεστον τῷ θεῷ, τὴν λογικ
ὴν λατρείαν ὑμῶν·

그러므로 형제들이여, 하나님의 자비를 통하여 나는 여러분이 여러분의
몸을 여러분의 합당한 예배로서, 하나님께 기쁨이 되는 거룩한 산 제물로
드릴 것을 요청한다.

2절

καὶ μὴ συσχηματίζεσθε τῷ αἰῶνι τούτῳ, ἀλλὰ μεταμορφοῦσθε τῇ
ἀνακαινώσει τοῦ νοὸς εἰς τὸ δοκιμάζειν ὑμᾶς τί τὸ θέλημα τοῦ θεοῦ,
τὸ ἀγαθὸν καὶ εὐάρεστον καὶ τέλειον.

이 시대를 닮지 말고, 대신에 생각의 새로움으로 변화되어서, 여러분은
하나님의 뜻이 무엇인지 즉 선하고 기뻐하시고 완전한 것이 무엇인지를
분별하라.

3절

Λέγω γὰρ διὰ τῆς χάριτος τῆς δοθείσης μοι παντὶ τῷ ὄντι ἐν ὑμῖν μὴ ὑπερφρονεῖν παρ' ὃ δεῖ φρονεῖν ἀλλὰ φρονεῖν εἰς τὸ σωφρονεῖν, ἑκάστῳ ὡς ὁ θεὸς ἐμέρισεν μέτρον πίστεως.

나는 나에게 주어진 은혜를 따라 여러분 안에 있는 모든 사람에게 마땅히 생각해야 할 것을 넘어 높은 것을 생각하지 말고 대신에 하나님께서 각자에게 믿음의 분량을 나누어 주신 대로 건전한 마음을 품도록 생각할 것을 말한다.

4절

καθάπερ γὰρ ἐν ἑνὶ σώματι πολλὰ μέλη ἔχομεν, τὰ δὲ μέλη πάντα οὐ τὴν αὐτὴν ἔχει πρᾶξιν,

한 몸 안에 우리가 많은 부분을 가지고 있으나, 모든 부분이 같은 기능을 가지고 있지 않듯이,

5절

οὕτως οἱ πολλοὶ ἓν σῶμά ἐσμεν ἐν Χριστῷ, τὸ δὲ καθ' εἷς ἀλλήλων μέλη.

이처럼 우리는 그리스도 안에서 서로를 위한 부분으로써 몸 안에 있는 많은 부분이다.

6절

ἔχοντες δὲ χαρίσματα κατὰ τὴν χάριν τὴν δοθεῖσαν ἡμῖν διάφορα, εἴτε προφητείαν κατὰ τὴν ἀναλογίαν τῆς πίστεως,

우리는 우리에게 주어진 은혜를 따라 다른 은사들을 가지고 있으니, 예언을 받은 사람은 믿음의 분량을 따라서,

7절

εἴτε διακονίαν ἐν τῇ διακονίᾳ, εἴτε ὁ διδάσκων ἐν τῇ διδασκαλίᾳ,

혹은 섬김을 받은 사람은 섬김으로, 혹은 가르치는 사람은 가르침으로,

8절

εἴτε ὁ παρακαλῶν ἐν τῇ παρακλήσει· ὁ μεταδιδοὺς ἐν ἁπλότητι, ὁ προϊστάμενος ἐν σπουδῇ, ὁ ἐλεῶν ἐν ἱλαρότητι.

혹은 권면하는 사람은 권면으로, 나누어주는 사람은 순수함으로, 앞장서는 사람은 부지런함으로, 구제하는 사람은 즐거움으로 하라.

해설

그리스도인의 삶의 주인은 그리스도시다. 그리스도는 교회의 머리이시고, 교회는 그의 몸이다. 몸은 많은 부분으로 구성되어 있다. 우리는 그리스도의 몸을 구성하는 부분들이다. 몸의 부분은 각각 다른 위치에 있으며 각각의 모양과 기능이 있다. 몸의 부분은 서로를 위하여 존재하며 부분이 모여 전체를 이룬다.

각자는 전체가 아니라 부분이며, 어떤 부분이 욕심을 내어 전체를 지배하려고 해서는 안 된다. 몸의 각 부분은 자기에게 주어진 역할(은사)에 성실해야 한다. 그것이 은사를 나누어 주신 그리스도에게 기쁨이 되는 것이다.

우리는 각자의 몸으로 전체인 교회공동체를 섬기는 부분들이다. 우리의 몸으로 교회를 섬기는 것이 하나님이 기뻐하시는 산 제사다. 그러므로 건강한 교회는 각 부분이 서로를 아끼고 사랑하는 가운데 자기의 분수와 한계를 알고 전체를 섬기는 절제력 있는(σωφρων) 공동체다.

사랑의 신학

로마서 12:9-21

9절

Ἡ ἀγάπη ἀνυπόκριτος. ἀποστυγοῦντες τὸ πονηρόν, κολλώμενοι τῷ ἀγαθῷ,

사랑은 거짓이 없다. 그것은 악을 혐오하고, 선한 것에 연합하고,

10절

τῇ φιλαδελφίᾳ εἰς ἀλλήλους φιλόστοργοι, τῇ τιμῇ ἀλλήλους προηγ ούμενοι,

형제애로 서로 부드럽게 사랑하고, 존귀함으로 서로를 앞세우고,

11절

τῇ σπουδῇ μὴ ὀκνηροί, τῷ πνεύματι ζέοντες, τῷ κυρίῳ δουλεύον τες,

부지런하며 게으르지 않고, 성령으로 뜨거워지고, 주님께 종노릇 하며,

12절

τῇ ἐλπίδι χαίροντες, τῇ θλίψει ὑπομένοντες, τῇ προσευχῇ προσκαρ τεροῦντες,

희망 중에 기뻐하고, 고난 중에 인내하고, 기도에 전념하고,

13절

ταῖς χρείαις τῶν ἁγίων κοινωνοῦντες, τὴν φιλοξενίαν διώκοντες.

성도들의 필요한 것들을 나누어주고, 손님 접대를 열심히 하는 것이다.

14절

εὐλογεῖτε τοὺς διώκοντας ὑμᾶς, εὐλογεῖτε καὶ μὴ καταρᾶσθε.

[여러분을] 핍박하는 사람들을 축복하라. 축복하고 저주하지 말라.

15절

χαίρειν μετὰ χαιρόντων, κλαίειν μετὰ κλαιόντων.

기뻐하는 사람들과 함께 기뻐하고, 우는 사람들과 함께 울라.

16절

τὸ αὐτὸ εἰς ἀλλήλους φρονοῦντες, μὴ τὰ ὑψηλὰ φρονοῦντες ἀλλὰ τοῖς ταπεινοῖς συναπαγόμενοι. μὴ γίνεσθε φρόνιμοι παρ᾽ ἑαυτοῖς.

서로 똑같은 것을 생각하고, 높은 것들을 생각하지 말고 대신에 비천한 자들과 동행하며, 스스로 지혜로운 자들이 되지 말라.

17절

μηδενι κακόν αντί κακού αποδιδοντες, προνοουμενοι καλά ενώπιον πάντων ανθρώπων.

누구에게도 악을 악으로 갚지 말고, 모든 사람 앞에서 아름다운 것들을 미리 준비하라.

18절

εἰ δυνατὸν τὸ ἐξ ὑμῶν, μετὰ πάντων ἀνθρώπων εἰρηνεύοντες·

여러분이 할 수 있는 한, 모든 사람과 평화롭게 지내라.

19절

μὴ ἑαυτοὺς ἐκδικοῦντες, ἀγαπητοί, ἀλλὰ δότε τόπον τῇ ὀργῇ, γέγραπται γάρ· ἐμοὶ ἐκδίκησις, ἐγὼ ἀνταποδώσω, λέγει κύριος.

스스로 복수하지 말고 사랑하는 자들아, 진노에 장소를 드려라. 왜냐하면 주님께서 말씀하시기를 "나에게 복수가 있으니 내가 갚을 것이다"라고 기록되어 있기 때문이다.

20절

ἀλλ᾽ ἐὰν πεινᾷ ὁ ἐχθρός σου, ψώμιζε αὐτόν· ἐὰν διψᾷ, πότιζε αὐτόν· τοῦτο γὰρ ποιῶν ἄνθρακας πυρὸς σωρεύσεις ἐπὶ τὴν κεφαλὴν αὐτοῦ.

대신에 당신의 원수가 굶주리거든 그에게 먹을 것을 주어라. 그가 목마르거든 마실 것을 주라. 왜냐하면 이것을 행함으로써 당신은 그의 머리 위에 숯불을 쌓아 올릴 것이기 때문이다.

21절

μὴ νικῶ ὑπὸ τοῦ κακοῦ ἀλλὰ νίκα ἐν τῷ ἀγαθῷ τὸ κακόν.

악에게 지지 말고 대신에 선으로 악을 이겨라.

해설

　예수 그리스도는 욕망과 폭력으로 물든 세상을 찾아오신 사랑의 아들이다. 그는 이 세상에서 사랑의 혁명을 일으키다가 살해당했다. 예수 그리스도의 사랑의 혁명은 근본적으로 반체제적이기 때문이다. 세상은 그를 살려둘 수 없었다.

　예수 그리스도의 혁명운동의 본질을 정확하게 꿰뚫어 보고 계승한 사람이 바울이다. 바울은 위대한 사랑의 혁명가다. 그는 예수 그리스도의 사건을 우주적 차원에서 해석하는 신학 혁명을 일으킨 사람이다. 그것은 그가 남긴 글 속에 자세히 기록되어 있다. 그는 예수 그리스도의 사건에 대한 신학적 해석을 넘어서, 그의 사랑의 혁명운동을 실천적으로 계승한 사람이다.

　이 본문은 로마서 안의 사랑의 신학이다. 신약성경에는 유명한 사랑의 신학들이 있다. 마태복음의 산상수훈과 고린도전서 13장이다. 그러나 롬 12장이 고전 13장보다 바울의 사랑의 신학을 더 깊이 있고 짜임새 있게 보여준다. 그는 롬 12:1-8에서 그리스도인의 존재와 은사를 교회론적으로 규정한다. 그의 교회론은 겸손하고, 경건하고, 절제력 있고, 아름답다.

　그리고 그는 사랑의 실천을 말한다. 그가 말하는 사랑의 내용들은 예수 그리스도의 마음속에 들어있는 것들이다. 이 세상 그 누구도 예수 그리스도의 마음을 들여다볼 수 없다. 그러나 성령은 그것을 보여주신다. 성령은 예수 그리스도의 영이시기 때문이다. 성령의 자기계시를 통해 우리는 예수 그리스도의 본질을 알 수 있다.

예수 그리스도의 영이신 성령은 사랑의 영이시다. 이 예수 그리스도의 사랑이 우주의 진실이며, 우주의 생명과 빛이요, 희망과 기쁨이다. 예수 그리스도의 사랑이 없는 세상은 어둠과 죽음, 허무와 절망이다. 그리스도께서는 계명을 하나님 사랑과 이웃 사랑으로 요약해 주셨고, 사도 바울은 그것을 이웃 사랑으로 압축했다.

토마스 아퀴나스는 믿음 소망 사랑을 하나님을 향한 세 가지 덕이라고 말했다. 그러나 이웃 사랑의 구체성과 실천이 없는 하나님 사랑은 거짓이다. 그리스도께서는 선한 사마리아 사람의 이야기에서 그 허구성을 폭로하셨다.

바울은 아가페 사랑에는 거짓이 없다고 선언한다. 그리고 사랑의 구체성을 언급한다. 아가페 사랑은 악을 미워함, 선한 것에 연합함, 형제애, 존경심, 부지런함, 성령으로 뜨거워짐, 주님께 종이 됨, 희망 중에 기뻐함, 고난 중에 인내함, 기도에 전념, 구제, 손님 접대의 구체성을 가지고 있다.

모든 생명은 구체성에서 나온다. 자녀 사랑, 형제 사랑, 친구 사랑, 제자 사랑, 남녀 사랑, 부부 사랑, 이웃 사랑, 민족 사랑 … 이 모든 것은 구체적이다.

그리스도의 마음은 기뻐하는 사람들과 함께 기뻐하고, 우는 사람들과 함께 울고, 같은 생각을 품고, 높은 것들을 생각하지 않고, 비천한 자들과 동행하며, 스스로 지혜로운 척하지 않으며, 악을 악으로 갚지 않고, 모든 사람 앞에서 아름다운 것들을 미리 준비하고, 모든 사람과 평화롭게 지내고, 스스로 복수하지 않고 하나님께 맡기며 선으로 악을 이기는 것이다.

오늘도 세상에 생명이 있고 희망이 있는 것은 우주를 창조하신 하나님의 사랑의 흔적이 세상에 남아있기 때문이다. 예수 그리스도는 이 세상에 참되고 영원한 생명과 빛으로, 기쁨과 희망으로 오신 사랑의 아들이다. 오직 그 안에만 세상의 구원이 있고 희망이 있다.

그리스도인의 자유

로마서 13:1-7

1절

Πᾶσα ψυχὴ ἐξουσίαις ὑπερεχούσαις ὑποτασσέσθω. οὐ γὰρ ἔστιν ἐξουσία εἰ μὴ ὑπὸ θεοῦ, αἱ δὲ οὖσαι ὑπὸ θεοῦ τεταγμέναι εἰσίν.

모든 목숨은(영혼은) 위에 있는 권세에 복종하라. 왜냐하면 하나님에 의하지 않은 권세는 없기 때문이다. 존재하는 것들은 하나님에 의해 정해진 것들이다.

2절

ὥστε ὁ ἀντιτασσόμενος τῇ ἐξουσίᾳ τῇ τοῦ θεοῦ διαταγῇ ἀνθέστηκεν, οἱ δὲ ἀνθεστηκότες ἑαυτοῖς κρίμα λήμψονται.

그러므로 권세에 저항하는 자는 하나님의 질서에 반역한 것이다. 반역한 자는 심판을 자초할 것이다.

3절

οἱ γὰρ ἄρχοντες οὐκ εἰσὶν φόβος τῷ ἀγαθῷ ἔργῳ ἀλλὰ τῷ κακῷ.

θέλεις δὲ μὴ φοβεῖσθαι τὴν ἐξουσίαν· τὸ ἀγαθὸν ποίει, καὶ ἕξεις
ἔπαινον ἐξ αὐτῆς·

통치자들은 선한 일에는 두려움이 아니다. 대신 악한 일에 두려움이다.
당신은 권세를 무서워하지 않기를 원하는가? 그러면 선을 행하라. 권세
로부터 칭찬을 받을 것이다.

4절

θεοῦ γὰρ διάκονός ἐστιν σοὶ εἰς τὸ ἀγαθόν. ἐὰν δὲ τὸ κακὸν ποιῇς,
φοβοῦ· οὐ γὰρ εἰκῇ τὴν μάχαιραν φορεῖ· θεοῦ γὰρ διάκονός ἐστιν
ἔκδικος εἰς ὀργὴν τῷ τὸ κακὸν πράσσοντι.

그는 당신에게 선을 위한 하나님의 일꾼이다. 그러나 만약 당신이 악을
행한다면 두려워하라. 왜냐하면 그는 공연히 칼을 들고 있는 것이 아니기
때문이다. 그는 악행 하는 자에게 진노하기 위하여 보복하는 하나님의
일꾼이다.

5절

διὸ ἀνάγκη ὑποτάσσεσθαι, οὐ μόνον διὰ τὴν ὀργὴν ἀλλὰ καὶ διὰ
τὴν συνείδησιν.

그러므로 어쩔 수 없이 복종하라. 진노 때문만이 아니라 양심을 위하여.

6절

διὰ τοῦτο γὰρ καὶ φόρους τελεῖτε· λειτουργοὶ γὰρ θεοῦ εἰσιν εἰς αὐτὸ τοῦτο προσκαρτεροῦντες.

이러므로 여러분은 공물을 바쳐라. 그들은 바로 이것을 위하여 전념하고 있는 하나님의 일꾼이다.

7절

ἀπόδοτε πᾶσιν τὰς ὀφειλάς, τῷ τὸν φόρον τὸν φόρον, τῷ τὸ τέλος τὸ τέλος, τῷ τὸν φόβον τὸν φόβον, τῷ τὴν τιμὴν τὴν τιμήν.

모든 사람에게 빚을 갚아라. 공물을 받는 사람에게는 공물을, 관세를 받는 사람에게는 관세를, 두려워할 사람에게는 두려움을, 존경할 사람에게는 존경을.

해설

모든 권력 질서는 하나님에 의해 정해진 것이다. 권력 질서에 저항하는 것은 하나님의 권세에 반역하는 것이다. 권력 질서는 악을 응징하고, 선을 고양하기 위해 존재하는 하나님의 폭력 도구다. 그러므로 모든 사람은 세상 권력 질서에 복종하고 세금을 내야 한다.

그리스도인은 두려워할 것은 두려워하고, 존경할 것은 존경해야 한다. 두려움은 목숨(ψυχη)을 부지하기 위해 어쩔 수 없이(αναγκη) 폭력에 굴복하는 것이고, 존경(τιμη)은 양심(συνειδησις)의 자유다.

모든 목숨(ψυχη)은 세상 권력 질서에 지배받고 있으나, 양심(συνειδησις)은 자유롭다. 그리스도인의 소중한 가치는 육신의 목숨(ψυχη)이 아니라, 양심(συνειδησθς)의 자유다. 그리스도인은 양심의 자유를 위해 지혜롭게 행동해야 한다. 그리스도인은 쓸데없는 일에 말려들면 안 된다.

사랑과 율법

로마서 13:8-10

8절

Μηδενὶ μηδὲν ὀφείλετε εἰ μὴ τὸ ἀλλήλους ἀγαπᾶν· ὁ γὰρ ἀγαπῶν τὸν ἕτερον νόμον πεπλήρωκεν.

서로 사랑하는 것 외에는 누구에게 아무것도 빚지지 말라. 왜냐하면 다른 사람을 사랑하는 사람은 이미 율법을 성취했기 때문이다.

9절

τὸ γὰρ οὐ μοιχεύσεις, οὐ φονεύσεις, οὐ κλέψεις, οὐκ ἐπιθυμήσεις, καὶ εἴ τις ἑτέρα ἐντολή, ἐν τῷ λόγῳ τούτῳ ἀνακεφαλαιοῦται ἐν τῷ· ἀγαπήσεις τὸν πλησίον σου ὡς σεαυτόν.

간음하지 말라, 살인하지 말라, 도둑질하지 말라, 탐내지 말라. 그리고 만약 다른 계명이 있을지라도 네 이웃을 너 자신처럼 사랑하라, 라는 이 말씀 안에 요약되어 있다.

10절

ἡ ἀγάπη τῷ πλησίον κακὸν οὐκ ἐργάζεται· πλήρωμα οὖν νόμου ἡ ἀγάπη.

사랑은 이웃에게 악을 행하지 않는다. 사랑은 율법의 성취다.

해설

　예수 그리스도는 사랑(αγάπη) 그 자체다. 성부 성자 성령 삼위일체 하나님은 동일 본질(ουσια)이시기 때문이다. 하나님의 본질(ουσια)은 사랑(αγάπη)이다.

　사랑은 율법(νομος)의 완성(πληρωμα)이다. 율법은 죄 때문에 들어온 것이다. 죄는 사랑(αγάπη)의 하나님을 떠나, 욕심(επιθυμια)의 아버지인 마귀(διάβολος)를 따라가는 것이다. 사랑이신 아들(υίος)이 하늘로부터 오실 때까지 율법의 요구는 결코 충족되지 않는다. 인간의 육체(σαρξ)는 죄(άμαρτια)의 세력에게 점령당해 있기 때문이다.

　예수 그리스도의 십자가(σταυρός)는 율법의 완성(πληρωμα)이다. 그것은 아들이 친히 육체로 세상에 오셔서, 자기 육체 속에 세상의 죄를 짊어지시고, 대속(απολυτρωσις)의 희생제물이 되셨기 때문이다.

　예수 그리스도의 십자가는 이웃 사랑이다. 예수 그리스도의 죽음은 같은 육체를 지닌 인간을 향한 이웃 사랑의 결정판이다. 그러므로 이 땅에 육체로 살고 있는 그리스도인의 유일한 계명이 바로 이웃 사랑이다.

은혜의 공동체

로마서 13:11-14

11절

Καὶ τοῦτο εἰδότες τὸν καιρόν, ὅτι ὥρα ἤδη ὑμᾶς ἐξ ὕπνου ἐγερθῆναι, νῦν γὰρ ἐγγύτερον ἡμῶν ἡ σωτηρία ἢ ὅτε ἐπιστεύσαμεν.

그리고 여러분은 이때를 알지니, 우리가 벌써 잠에서 깰 시간이 되었다는 것이다. 왜냐하면 지금은 우리가 믿었을 때보다 우리의 구원이 더 가까이 왔기 때문이다.

12절

ἡ νὺξ προέκοψεν, ἡ δὲ ἡμέρα ἤγγικεν. ἀποθώμεθα οὖν τὰ ἔργα τοῦ σκότους, ἐνδυσώμεθα δὲ τὰ ὅπλα τοῦ φωτός.

밤은 지나갔고, 낮이 가까워졌다. 그러므로 어두움의 일들을 버리고, 빛의 갑옷을 입자.

13절

ὡς ἐν ἡμέρᾳ εὐσχημόνως περιπατήσωμεν, μὴ κώμοις καὶ μέθαις,

μὴ κοίταις καὶ ἀσελγείαις, μὴ ἔριδι καὶ ζήλῳ,

낮과 같이 품위 있게 행동하자. 마을 축제들과 술 취함과 침대들(난잡한 성생활)과 방탕함과 다툼과 질투심을 버리고,

14절

ἀλλ᾽ ἐνδύσασθε τὸν κύριον Ἰησοῦν Χριστὸν καὶ τῆς σαρκὸς πρόνοιαν μὴ ποιεῖσθε εἰς ἐπιθυμίας.

대신에 주 예수 그리스도를 입고, 정욕을 위하여 육체의 앞질러 가는 생각을 하지 말라.

해설

이 본문은 바울이 로마 교인들에게 쓰고 있는 글이다. 그런데 바울은 충격적인 이야기를 하고 있다.

그는 "잠에서 깰 때가 되었다, 어두움의 일들을 버려라, 빛의 갑옷을 입어라, 품위 있게 행동하라, 마을 잔치와 술 취함과 난잡한 성생활과 다툼과 시기 질투와 육신의 정욕을 버려라."라고 말한다. 그는 지금 그리스도인들의 삶의 현실을 고발하고 있다.

그는 목회의 현실을 직시하고 있다. 그리스도인들은 결코 품위 있는 사람들이 아니다. 그들은 영적으로 잠들어 있고, 어둠 속에서 헤매고 있고, 동네잔치를 기웃거리고, 술에 취하고, 방탕하고, 난잡하고, 육신의 정욕에 끌려다니고 있다.

그들은 철저히 세상적이다. 그들은 세상 사람들과 다른 것이 없다. 오히려 세상 사람들보다 못할 때도 있다. 이것이 바로 성도들의 실체다. 그러므로 교회는 그리스도의 이름으로 모인 죄인들이라는 것을 알 수 있다.

바울은 한두 군데에서 이런 말을 하는 게 아니다. 거의 모든 교회에 보낸 편지들에서 같은 말을 계속하고 있다. 그러면서도 그는 그들을 그리스도의 피로 거룩해진 사람들이라고 부른다. 그러므로 교회는 은혜의 공동체라는 것을 알 수 있다.

그들은 깨지기 쉬운 그릇이기 때문에 조심스럽게 다루어야 한다.

그들은 상처받고 낙심하기 쉬운 연약한 정신의 소유자들이다.

그들은 세상의 온갖 유혹에 노출되어 있다.

그들은 죄악의 홍수에 휩쓸릴 수 있는 위험한 상황에 놓여 있다.

그들은 힘들고 어려운 세상살이를 하고 있다.

그들은 때로는 어리석고 무지하다.

그들은 때로는 교만하고 주제 파악을 못 한다.

그들은 때로는 사악하고 교활하다.

그들은 때로는 탐욕스럽고 이기적이다.

그들은 때로는 방탕하고 난잡하다.

그들은 때로는 잔인하고 야비하다.

그들은 때로는 시기 질투와 경쟁심에 사로잡혀 있다.

그들은 때로는 도둑질하고 거짓말을 밥 먹듯이 하고 사기도 친다.

그래도 그들은 하나님의 자녀들이고, 거룩한 자들이다.

바울은 이상주의자가 아니다. 그는 철저한 현실주의자다. 그의 신학과 목회는 인간의 현실, 육체의 현실, 죄의 현실에서 출발하고 있다.

목회란 무엇인가? 그리스도 안에서 죄인을 의롭다 하시는 하나님의 은혜 가운데로 사람들을 불러 모으는 것이다. 교회란 무엇인가? 그리스도의 이름으로 모인 은혜의 공동체다. 그러나 그 안에는 지금도 온갖 죄의 행실들이 있다. 다른 것이 있다면 그것은 그리스도의 은혜 가운데 있다는 것 하나뿐이다.

우리는 그리스도의 은혜를 입은 죄인들이다. 그러므로 은혜가 사라지면 교회는 생명을 잃는다. 은혜가 없으면 교회는 아무것도 아니다. 교회에는 오직 그리스도의 은혜만 있을 뿐이다.

오늘도 우리는 그리스도의 은혜와 사랑에 굶주려 있는 죄인들이다. 우리를 품위 있는 빛의 자녀로 세우는 분은 오직 주 예수 그리스도 한 분이시다.

문화혁명

로마서 14:1-12

1절

Τὸν δὲ ἀσθενοῦντα τῇ πίστει προσλαμβάνεσθε, μὴ εἰς διακρίσεις διαλογισμῶν

그런데 믿음이 약한 사람을 받아들여라, 생각들을 분석하려고 하지 말고.

2절

ὃς μὲν πιστεύει φαγεῖν πάντα, ὁ δὲ ἀσθενῶν λάχανα ἐσθίει.

왜냐하면 어떤 사람은 모든 것을 먹을 수 있다고 믿지만, 약한 사람은 채소를 먹기 때문이다.

3절

ὁ ἐσθίων τὸν μὴ ἐσθίοντα μὴ ἐξουθενείτω, ὁ δὲ μὴ ἐσθίων τὸν ἐσθίοντα μὴ κρινέτω, ὁ θεὸς γὰρ αὐτὸν προσελάβετο.

먹는 사람은 먹지 않는 사람을 멸시하지 말고, 먹지 않는 사람은 먹는

사람을 비판하지 말라. 왜냐하면 하나님께서 그를 받아들이셨기 때문
이다.

4절

σὺ τίς εἶ ὁ κρίνων ἀλλότριον οἰκέτην; τῷ ἰδίῳ κυρίῳ στήκει ἢ
πίπτει· σταθήσεται δέ, δυνατεῖ γὰρ ὁ κύριος στῆσαι αὐτόν.

당신이 누구이기에 다른 사람의 종을 비판하느냐? 그는 자기의 주인에게
서거나 넘어진다. 왜냐하면 그 주인은 능히 그를 세울 수 있기 때문이다.

5절

Ὃς μὲν γὰρ κρίνει ἡμέραν παρ' ἡμέραν, ὃς δὲ κρίνει πᾶσαν ἡμέραν·
ἕκαστος ἐν τῷ ἰδίῳ νοῒ πληροφορείσθω.

어떤 사람은 날과 날을 판단하고, 어떤 사람은 모든 날을 판단한다. 각자
스스로 자기의 생각 속에서 확신을 가져라.

6절

ὁ φρονῶν τὴν ἡμέραν κυρίῳ φρονεῖ· καὶ ὁ ἐσθίων κυρίῳ ἐσθίει,
εὐχαριστεῖ γὰρ τῷ θεῷ· καὶ ὁ μὴ ἐσθίων κυρίῳ οὐκ ἐσθίει καὶ εὐχαριστ
εῖ τῷ θεῷ.

날을 생각하는 사람은 주님을 위하여 생각하고, 먹는 사람도 하나님을
위해 먹고, 주님께 감사한다. 먹지 않는 사람도 주님을 위하여 먹지 않고,
주님께 감사한다.

7절

οὐδεὶς γὰρ ἡμῶν ἑαυτῷ ζῇ καὶ οὐδεὶς ἑαυτῷ ἀποθνήσκει·

우리 중 누구도 자기 자신을 위해서 살지 않고, 그 누구도 자기 자신을 위해 죽지 않는다.

8절

ἐάν τε γὰρ ζῶμεν, τῷ κυρίῳ ζῶμεν, ἐάν τε ἀποθνήσκωμεν, τῷ κυρίῳ ἀποθνήσκομεν. ἐάν τε οὖν ζῶμεν ἐάν τε ἀποθνήσκωμεν, τοῦ κυρίου ἐσμέν.

왜냐하면 우리가 살아도 주님을 위해 살고, 우리가 죽어도 주님을 위해 죽기 때문이다. 그러므로 우리는 살아도 죽어도 주님의 것이다.

9절

εἰς τοῦτο γὰρ Χριστὸς ἀπέθανεν καὶ ἔζησεν, ἵνα καὶ νεκρῶν καὶ ζώντων κυριεύσῃ.

이것을 위해 그리스도께서 죽으시고 살아나셨으니, 이는 그분이 죽은 자들과 살아있는 자들을 주관하시려는 것이다.

10절

Σὺ δὲ τί κρίνεις τὸν ἀδελφόν σου; ἢ καὶ σὺ τί ἐξουθενεῖς τὸν ἀδελφόν σου; πάντες γὰρ παραστησόμεθα τῷ βήματι τοῦ θεοῦ,

당신은 어찌하여 당신의 형제를 비판하는가? 당신은 어찌하여 당신의 형제를 업신여기는가? 모든 사람은 하나님의 재판석 앞에 세워질 것이다.

11절

γέγραπται γάρ·

ζῶ ἐγώ, λέγει κύριος, ὅτι ἐμοὶ κάμψει πᾶν γόνυ

καὶ πᾶσα γλῶσσα ἐξομολογήσεται τῷ θεῷ.

왜냐하면, 주님께서 말씀하시기를

"내가 살아있으니, 이는 나에게 모든 무릎이 꿇을 것이고, 모든 혀가 나에게 자백할 것이다"라고 기록되었기 때문이다.

12절

ἄρα' οὖν ἕκαστος ἡμῶν περὶ ἑαυτοῦ λόγον δώσει' τῷ θεῷ.

그러므로 진정 우리 각자가 자기 자신에 대해 [하나님께] 결산을 드릴 것이다.

해설

그리스도인의 일어서고 넘어지는 것은 주님이신 그리스도와의 관계를 통해 되는 일이다. 그 누구도 거기에 끼어들 권리나 자격이 없다.

모든 인간은 그리스도의 재판석 앞에 세워진다. 모든 인간은 자기의 말과 행동에 대해 그리스도의 재판정에서 그 근거와 논리를 제출해야 한다. 우리는 모두 재판받게 될 죄인의 신세다. 똑같이 재판받는 처지에 있는 자가 재판관 앞에서 다른 피고를 흉보고 비난하는 것은 비웃음을 받을 일이다. 판사는 "너나 잘해 이 친구야"라고 말할 것이다.

모든 그리스도인은 주님 앞에서 신앙 양심의 자유가 있다. 그것은 그 누구도 침범할 수 없는 권리다. 칭찬을 받든지 책망을 받든지, 축복을 받든지 저주를 받든지, 천국을 가든지 지옥에 떨어지든지 그 주권은 그리스도에게 있다. 그러므로 종교재판은 사실상 성경적 근거가 없다.

예수 그리스도께서도 종교재판에 회부되어 사형판결을 받았다. 빌라도는 그것이 불법인 줄을 알면서도 정치재판을 통해 사형을 확정했다. 그는 나사렛 예수의 죽음에 대한 최종 책임자다. 루터 역시 종교재판에 회부되었다. 그는 목숨을 부지하기 위해 혹은 기존 질서의 유지를 위해 양심의 소리를 배반할 것을 요구받았다. 루터는 자신이 양심의 법정에서 재판받고 있으며, 그 양심의 소리를 배반할 수 없다고 대담하게 선언한다.

기독교 역사상 수많은 종교재판과 마녀사냥이 있었다. 중세의 가톨릭은 폭력적 기독교다. 그들은 폭력으로 유대인들을 강제로 개종시켰다. 그들은 대량 학살을 통해 아메리카 원주민 남성들을 제거하고, 여성들을 강간하여 씨를 퍼뜨렸는데 그 후손들을 메스띠소라고 한다. 메스띠소는 혼혈 혹은 잡종이라는 뜻이다. 오늘날 메스띠소를 자신들의 정체성으로 가진 대표적인 나라가 멕시코(메히꼬)다. 멕시코는 1980년대 초까지만 해도 가톨릭이 국교였고, 성경을 가지고 들어가다 걸리면 사형당했던 나라다. 과연 그것이 그리스도의 정신인가?

우리의 서고 넘어짐은 오직 그리스도 앞에서 되는 일이라고 바울은 주장하고 있다. 그는 민주주의의 기초가 되는 신앙의 자유와 양심의 자유를 외치고 있다. 그런 점에서 그가 일으킨 혁명은 종교혁명이 아니라 문화혁명이다. 그는 우주적 차원의 보편적 문화혁명을 일으킨 나사렛 예수의 충실한 제자였다.

지식과 사랑

로마서 14:13-23

13절

Μηκέτι οὖν ἀλλήλους κρίνωμεν· ἀλλὰ τοῦτο κρίνατε μᾶλλον, τὸ μὴ τιθέναι πρόσκομμα τῷ ἀδελφῷ ἢ σκάνδαλον.

그러므로 더 이상 우리가 서로를 판단하지 말자. 대신에 오히려 이것을 판단하라. 그것은 곧 형제에게 부딪히는 것이나 걸려 넘어지게 하는 것을 놓지 않는 것이다.

14절

οἶδα καὶ πέπεισμαι ἐν κυρίῳ Ἰησοῦ ὅτι οὐδὲν κοινὸν δι᾽ ἑαυτοῦ, εἰ μὴ τῷ λογιζομένῳ τι κοινὸν εἶναι, ἐκείνῳ κοινόν.

내가 주 예수 안에서 알고 확신하는 것은 그 자체로 더러운 것은 하나도 없고, 다만 무엇이 더럽다고 생각하는 저 사람에게만 더럽다는 것이다.

15절

εἰ γὰρ διὰ βρῶμα ὁ ἀδελφός σου λυπεῖται, οὐκέτι κατὰ ἀγάπην περιπ ατεῖς· μὴ τῷ βρώματί σου ἐκεῖνον ἀπόλλυε ὑπὲρ οὗ Χριστὸς ἀπέθανεν.

만약 음식 때문에 당신의 형제가 슬퍼한다면, 당신은 더 이상 사랑을 따라 행동하는 것이 아니다. 당신의 음식 때문에 그리스도께서 위하여 죽으신 저 사람을 망하게 하지 말라.

16절

μὴ βλασφημείσθω οὖν ὑμῶν τὸ ἀγαθόν.

그러므로 여러분의 선한 것이 비방을 받지 않게 하라.

17절

οὐ γάρ ἐστιν ἡ βασιλεία τοῦ θεοῦ βρῶσις καὶ πόσις ἀλλὰ δικαιοσύνη καὶ εἰρήνη καὶ χαρὰ ἐν πνεύματι ἁγίῳ·

왜냐하면 하나님의 나라는 먹는 것과 마시는 것이 아니라 성령 안에서 의와 평화와 기쁨이기 때문이다.

18절

ὁ γὰρ ἐν τούτῳ δουλεύων τῷ Χριστῷ εὐάρεστος τῷ θεῷ καὶ δόκιμος τοῖς ἀνθρώποις.

이 안에서 그리스도의 종이 되는 사람은 하나님께 기쁨이 되고 사람들에게 인정받는다.

19절

Ἄρα οὖν τὰ τῆς εἰρήνης διώκωμεν καὶ τὰ τῆς οἰκοδομῆς τῆς εἰς ἀλλήλους.

그러므로 평화의 일과 서로를 세우는 일들을 추구하자.

20절

μὴ ἕνεκεν βρώματος κατάλυε τὸ ἔργον τοῦ θεοῦ. πάντα μὲν καθαρά, ἀλλὰ κακὸν τῷ ἀνθρώπῳ τῷ διὰ προσκόμματος ἐσθίοντι.

음식 때문에 하나님의 일을 파괴하지 말라. 모든 것은 깨끗하다. 그러나 의심하면서 먹는 사람에게는 악하다.

21절

καλὸν τὸ μὴ φαγεῖν κρέα μηδὲ πιεῖν οἶνον μηδὲ ἐν ᾧ ὁ ἀδελφός σου προσκόπτει.

고기도 먹지 않고 포도주도 마시지 않고 그 속에서 당신의 형제가 부딪혀 상처받는 일은 하지 않는 것이 아름답다.

22절

σὺ πίστιν ἣν ἔχεις κατὰ σεαυτὸν ἔχε ἐνώπιον τοῦ θεοῦ. μακάριος ὁ μὴ κρίνων ἑαυτὸν ἐν ᾧ δοκιμάζει·

당신이 가지고 있는 믿음을 하나님 앞에서 스스로 가지고 있어라. 자기가 검증하는 일 속에서 자신을 스스로 판단하지 않는 사람은 행복하다.

23절

ὁ δὲ διακρινόμενος ἐὰν φάγῃ κατακέκριται, ὅτι οὐκ ἐκ πίστεως· πᾶν δὲ ὃ οὐκ ἐκ πίστεως ἁμαρτία ἐστίν.

만약 어떤 사람이 의심하면서 먹었으면 그는 이미 정죄 받았다. 왜냐하면 믿음으로 하지 않았기 때문이다. 믿음으로 하지 않는 모든 것은 죄다.

해설

　우리가 서고 넘어지는 것이 오직 그리스도와의 관계에 있다는 것은 우리의 주체성과 자유에 관련된 문제다. 그리스도인들은 그리스도께서 회복시켜 주신 주체성과 자유 위에서 담대한 믿음의 세계로 나아간다. 그때 그는 성령의 능력 안에서 의와 평화와 기쁨의 열매를 맺는다. 그는 지식에 있어서도 모든 미신과 편견을 깨뜨리고 거침없이 전진한다. 그는 자유롭고 확신에 찬 믿음의 사람이다. 그에게는 거칠 것이 없다.

　그러나 교회는 강하고 담대한 사람들만 있는 것이 아니다. 오히려 교회 안에는 연약한 사람들이 더 많다. 그들은 아직 여러 가지 미신과 편견에 사로잡혀 있다. 그들은 지적으로 성숙하지 못한 관점에서 모든 사람의 말과 행동을 판단한다. 그들은 아직 담대한 믿음이 가져다주는 자유함을 모른다. 그들은 우상의 신전에서 흘러나와 시장에서 거래되는 짐승의 고기를 먹는 것은 몸속에 귀신의 영을 모시는 것이라고 믿는다. 그들은 그런 관점으로 다른 사람의 믿음을 판단한다.

　하나님이 창조하신 모든 것은 깨끗하다. 그러나 믿음이 약한 사람들은 그러한 지식이 없다. 믿음이 강한 사람들의 지식은 그들의 믿음을 무너뜨릴 수 있다. 자기 확신으로 가득 찬 지식이 다른 사람의 영혼을 타락시켜 옛사람으로 돌아가게 할 수 있는 것이다. 믿음이 강한 사람은 그것은 그 사람의 믿음이 약한 것이기 때문이지 내 책임이 아니라고 주장한다. 그러나 그것은 그리스도의 마음이 아니다.

그리스도는 근본 영광의 본체이시지만, 죄인들의 친구로 세상에 오셔서 우리의 연약함을 친히 자기 몸에 짊어지고 십자가에 매달리신 사랑의 아들이시다.

지식보다 더 중요한 것은 사랑이다. 사랑은 다른 사람을 세우지만, 지식은 교만에 빠지기 쉽다. 그리스도는 자기만족을 위해 살지 않았다. 그는 종으로 섬기며 의를 완성하신 사랑의 아들이다. 지식과 사랑의 문제에 대한 대답은 예수 그리스도 안에 있다.

사랑의 본질

로마서 15:1-6

1절

Ὀφείλομεν δὲ ἡμεῖς οἱ δυνατοὶ τὰ ἀσθενήματα τῶν ἀδυνάτων βαστάζειν καὶ μὴ ἑαυτοῖς ἀρέσκειν.

강한 우리는 약한 자들의 연약함을 짊어져야 하고 자기 자신을 기쁘게 해서는 안 된다.

2절

ἕκαστος ἡμῶν τῷ πλησίον ἀρεσκέτω εἰς τὸ ἀγαθὸν πρὸς οἰκοδομήν·

우리 각자가 선을 세우기 위하여 이웃을 기쁘게 하라.

3절

καὶ γὰρ ὁ Χριστὸς οὐχ ἑαυτῷ ἤρεσεν, ἀλλὰ καθὼς γέγραπται· οἱ ὀνειδισμοὶ τῶν ὀνειδιζόντων σε ἐπέπεσαν ἐπ᾽ ἐμέ.

왜냐하면 그리스도께서 자기 자신을 기쁘게 하지 않으셨으니, 이는

"당신을 욕하는 사람들의 욕들이 내 위에 쏟아졌습니다"라고 기록된 바와 같다.

4절

ὅσα γὰρ προεγράφη, εἰς τὴν ἡμετέραν διδασκαλίαν ἐγράφη, ἵνα διὰ τῆς ὑπομονῆς καὶ διὰ τῆς παρακλήσεως τῶν γραφῶν τὴν ἐλπίδα ἔχωμεν.

미리 기록된 것은 우리의 교훈을 위하여 기록된 것이니, 이는 인내와 성경의 위로를 통하여 우리가 희망을 품기 위함이다.

5절

ὁ δὲ θεὸς τῆς ὑπομονῆς καὶ τῆς παρακλήσεως δῴη ὑμῖν τὸ αὐτὸ φρονεῖν ἐν ἀλλήλοις κατὰ Χριστὸν Ἰησοῦν,

인내와 위로의 하나님께서 우리에게 그리스도 예수를 따라 서로 똑같은 것을 생각하는 마음을 주셔서,

6절

ἵνα ὁμοθυμαδὸν ἐν ἑνὶ στόματι δοξάζητε τὸν θεὸν καὶ πατέρα τοῦ κυρίου ἡμῶν Ἰησοῦ Χριστοῦ.

그리하여 여러분이 한 마음 한 입으로 우리 주 예수 그리스도의 아버지이신 하나님께 영광을 돌리게 되기를 원한다.

해설

세상에 부담 없는 사랑은 없다.

사랑은 반드시 대가를 치른다.

사랑은 십자가를 지는 것이다.

사랑은 자기 자신을 기쁘게 하는 것이 아니다.

사랑은 이웃을 기쁘게 하는 것이다.

사랑은 자기중심적인 것이 아니다.

사랑은 대상중심적이다.

사랑은 독단적이지 않다.

사랑은 관계적이다.

사랑은 관념적이지 않다.

사랑은 구체적이다.

사랑은 반드시 고난의 과정을 거친다.

사랑은 인내와 성령의 위로 속에 종말론적 희망의 미래를 향해 나아간다. 우리의 종말론적 희망의 미래는 하나님이다. 우리를 종말론적 희망의 미래인 하나님께 도달하게 하는 것은 그리스도의 십자가 사랑이다.

사랑은 혼자 하는 것이 아니다.

사랑은 함께 하는 것이다.

사랑은 같은 것을 생각하는 것이다.

사람은 같은 것을 바라보는 것이다.

사랑은 같은 말을 하는 것이다.

이 세상에 있는 모든 것은 일시적으로 존재하다가 사라지는 형상이다. 그것은 영원한 실체가 아니다. 그 일시적 형상과의 관계 속에서 사랑은 검증된다. 우리는 그 일시적 사랑에 충실해야 한다. 그러나 거기에 집착해서는 안 된다. 집착은 우상숭배이기 때문이다.

우리는 예수 그리스도를 통해 공급받는 하나님의 영원한 사랑의 빛으로 세상을 바라보아야 한다.

부활과 종말론적 희망

로마서 15:7-13

7절

Διὸ προσλαμβάνεσθε ἀλλήλους, καθὼς καὶ ὁ Χριστὸς προσελάβετο ὑμᾶς εἰς δόξαν τοῦ θεοῦ.

그러므로 그리스도께서 하나님의 영광을 위하여 여러분을 받아들이신 것처럼, 서로를 받아들이라.

8절

λέγω γὰρ Χριστὸν διάκονον γεγενῆσθαι περιτομῆς ὑπὲρ ἀληθείας θεοῦ, εἰς τὸ βεβαιῶσαι τὰς ἐπαγγελίας τῶν πατέρων,

나는 그리스도께서 할례의 봉사자가 되셨다고 말하는데, 이것은 그가 하나님의 진리를 위하여 조상들의 약속을 견고하게 하시고,

9절

τὰ δὲ ἔθνη ὑπὲρ ἐλέους δοξάσαι τὸν θεόν, καθὼς γέγραπται·
διὰ τοῦτο ἐξομολογήσομαί σοι ἐν ἔθνεσιν

καὶ τῷ ὀνόματί σου ψαλῶ.

이방인들이 긍휼을 인하여 하나님께 영광을 돌리게 하려 하심이다. 그것은 다음과 같이 기록된 바와 같다.

"이러므로 나는 이방인들 속에서 당신을 고백하고 당신의 이름을 찬양할 것이다."

10절

καὶ πάλιν λέγει·

εὐφράνθητε, ἔθνη, μετὰ τοῦ λαοῦ αὐτοῦ.

그리고 다시 말하기를,

"이방인들이여, 그분의 백성과 함께 즐거워하라."

11절

καὶ πάλιν·

αἰνεῖτε, πάντα τὰ ἔθνη, τὸν κύριον

καὶ ἐπαινεσάτωσαν αὐτὸν πάντες οἱ λαοί.

그리고 다시,

"모든 민족아 주님을 노래하라

그리고 모든 백성은 그를 찬양하라."

12절

καὶ πάλιν Ἡσαΐας λέγει·

ἔσται ἡ ῥίζα τοῦ Ἰεσσαὶ

καὶ ὁ ἀνιστάμενος ἄρχειν ἐθνῶν,

ἐπ᾽ αὐτῷ ἔθνη ἐλπιοῦσιν.

그리고 다시 이사야가 말하고 있다.

"이새의 뿌리 곧 열방을 통치하기 위해 일어나는 자가 있을 것이다

그리고 열방이 그에게 희망을 둘 것이다."

13절

Ὁ δὲ θεὸς τῆς ἐλπίδος πληρώσαι ὑμᾶς πάσης χαρᾶς καὶ εἰρήνης ἐν τῷ πιστεύειν, εἰς τὸ περισσεύειν ὑμᾶς ἐν τῇ ἐλπίδι ἐν δυνάμει πνεύμα τος ἁγίου.

희망의 하나님께서 믿음 안에서 여러분을 모든 기쁨과 평화로 채워주사 여러분이 성령의 능력 안에서 희망으로 넘치게 되기를.

해설

그리스도께서는 자기를 비우시고 죄인들을 용납하셨다. 영광의 본체이신 그분은 자기를 낮추사 할례의 수종자가 되셨다. 그것은 아버지의 영광을 드러내기 위함이다. 그렇게 해서 그분은 믿음의 조상들과 맺으신 아버지의 약속의 성실성을 입증하셨다. 그 긍휼로 인해 이방인들은 하나님을 찬양하게 되었다.

그리스도는 이새의 뿌리이며, 열방을 다스리기 위해 부활하신 분이다. 그리하여 열방이 그에게 희망을 두게 되었다. 그리스도의 아버지는 희망의 하나님이시다. 그분은 자신의 사랑인 아들을 믿는 자들을 종말론적 기쁨과 평화로 채워주신다.

그분은 성령의 능력 안에서 우리를 종말론적 희망으로 넘치게 하신다. 예수 그리스도의 부활은 종말론적 희망의 근거다.

이방인의 사도

로마서 15:14-21

14절

Πέπεισμαι δέ, ἀδελφοί μου, καὶ αὐτὸς ἐγὼ περὶ ὑμῶν ὅτι καὶ αὐτοὶ μεστοί ἐστε ἀγαθωσύνης, πεπληρωμένοι πάσηϛ τῆϛ γνώσεως, δυνάμενοι καὶ ἀλλήλους νουθετεῖν.

나의 형제들이여, 나 자신이 여러분에 대하여 여러분 자신들도 선으로 충만하고, 모든 지식으로 채워져 있고, 능히 서로를 훈계할 수 있다는 것을 확신하고 있다.

15절

τολμηρότερον δὲ ἔγραψα ὑμῖν ἀπὸ μέρους ὡς ἐπαναμιμνήσκων ὑμᾶς διὰ τὴν χάριν τὴν δοθεῖσάν μοι ὑπὸ τοῦ θεοῦ

그러나 하나님께서 나에게 주신 은혜 때문에 여러분을 기억하면서 더 담대하게 부분적으로 여러분에게 썼다.

16절

εἰς τὸ εἶναί με λειτουργὸν Χριστοῦ Ἰησοῦ εἰς τὰ ἔθνη, ἱερουργοῦντα τὸ εὐαγγέλιον τοῦ θεοῦ, ἵνα γένηται ἡ προσφορὰ τῶν ἐθνῶν εὐπρόσδεκτος, ἡγιασμένη ἐν πνεύματι ἁγίῳ.

그것은 내가 이방인을 위한 그리스도의 일꾼과 하나님 복음의 제사장직을 수행하는 자가 되어서, 이방인들의 예물이 기쁘게 받아들여지고 성령 안에서 성별되게 하려는 것이다.

17절

ἔχω οὖν τὴν καύχησιν ἐν Χριστῷ Ἰησοῦ τὰ πρὸς τὸν θεόν·

그러므로 나는 그리스도 안에서 하나님을 향한 일들에 있어서 자랑할 것을 가지고 있다.

18절

οὐ γὰρ τολμήσω τι λαλεῖν ὧν οὐ κατειργάσατο Χριστὸς δι᾽ ἐμοῦ εἰς ὑπακοὴν ἐθνῶν, λόγῳ καὶ ἔργῳ,

왜냐하면 나는 이방인들의 복종을 위하여 그리스도께서 나를 통하여 성취하시지 않은 어떤 것을 감히 이야기하려고 하지 않을 것이기 때문이다. 말과 일에서,

19절

ἐν δυνάμει σημείων καὶ τεράτων, ἐν δυνάμει πνεύματος θεοῦ· ὥστε με ἀπὸ Ἰερουσαλὴμ καὶ κύκλῳ μέχρι τοῦ Ἰλλυρικοῦ πεπληρωκέναι τὸ εὐαγγέλιον τοῦ Χριστοῦ,

표적들과 기사들의 능력 안에서, 하나님의 영의 능력 안에서. 그리하여 내가 예루살렘에서 일뤼리콘까지 그리스도의 복음을 가득 채우게 되었다.

20절

οὕτως δὲ φιλοτιμούμενον εὐαγγελίζεσθαι οὐχ ὅπου ὠνομάσθη Χριστός, ἵνα μὴ ἐπ' ἀλλότριον θεμέλιον οἰκοδομῶ,

이처럼 나는 그리스도의 이름이 불리는 곳에서는 복음을 전파하지 않는다는 야망을 품고 있다. 그것은 내가 다른 사람의 기초 위에 집을 짓지 않으려 함이다.

21절

ἀλλὰ καθὼς γέγραπται·

οἷς οὐκ ἀνηγγέλη περὶ αὐτοῦ ὄψονται,

καὶ οἳ οὐκ ἀκηκόασιν συνήσουσιν.

그것은 "그에 대하여 소식을 듣지 못한 사람들이 볼 것이요

알아듣지 못했던 사람들이 깨닫게 될 것이다"라고 기록된 바와 같다.

해설

바울은 지금 마케도니아, 아카이아, 소아시아 교회 성도들의 헌금을 가지고 예루살렘으로 가고 있다. 그 헌금은 예루살렘과 유대 지역의 성도들을 위한 구제헌금이었다. 유대 지역의 그리스도인들은 유대교의 핍박으로 큰 고통을 당하고 있던 것이다.

예루살렘으로 올라가는 중에 그는 로마에 있는 그리스도인들에게 긴 신학 편지를 쓰고 있다. 그는 다른 사람이 전도해서 터를 닦아 놓은 곳에는 들어가지 않는다는 선교적 원칙을 가진 사람이었다. 그는 이 원칙을 가지고 예루살렘으로부터 일뤼리콘(지금의 크로아티아 지역)까지 예수 그리스도의 복음으로 채웠다.

그는 자기가 하지 않은 것들을 자신의 선교적 업적으로 이야기하는 일을 상상할 수도 없었다. 그럼에도 불구하고 그는 로마의 그리스도인들에게 편지를 쓰고 있다. 그것은 그가 하나님께 받은바 은혜 때문이었다.

베드로의 제자들에 의해 개척된 로마교회는 충성스럽고 용감한 교회였다. 바울은 여러 지인을 통해 로마교회의 소식을 듣고 있었다. 로마서 16장에는 그 사람들의 이름이 적혀있다. 그중에는 클라우디우스 황제 때 추방된 유대인인 프리스킬라와 아퀼라 부부도 있었다. 바울은 이들 부부를 통해 로마교회의 사정과 형편을 자세히 알 수 있었다.

바울이 전해 들은 바에 의하면 로마교회는 성령 충만한 아름다운 신앙공동체였으나 그리스도의 복음에 대한 신학적 기초가 부족한 교회였다. 그는 하나님께서 자신에게 주신 신학적 지식의 은사를 통해 그들의 부족한 부분을 채워주려고 이 편지를 쓰고 있다. 또한 그는 자신이 이방인의 사도로 부르심을 받았다는 확신과 사명감으로 인해 로마에 있는 성도들에게도 마땅히 도움을 주어야 한다는 생각을 가지고 있었다.

그렇기 때문에 로마서에는 바울이 자기가 개척한 교회들에 보내는 편지에서 드러나는 위압적인 분위기가 없다. 대신에 매우 예의 바르게 자신의 순수한 의도를 의심하지 않기를 바라는 마음을 조심스럽게 표현하고 있다.

바울의 계획

로마서 15:22-33

22절

Διὸ καὶ ἐνεκοπτόμην τὰ πολλὰ τοῦ ἐλθεῖν πρὸς ὑμᾶς·

그러므로 나도 여러분을 향해 가려고 했으나 여러 번 막혔다.

23절

νυνὶ δὲ μηκέτι τόπον ἔχων ἐν τοῖς κλίμασιν τούτοις, ἐπιποθίαν δὲ ἔχων τοῦ ἐλθεῖν πρὸς ὑμᾶς ἀπὸ πολλῶν ἐτῶν,

그런데 지금은 이 지방에 더 이상 장소가 없으므로, 여러 해 전부터 여러분을 향해 가기를 열망하고 있다.

24절

ὡς ἂν πορεύωμαι εἰς τὴν Σπανίαν· ἐλπίζω γὰρ διαπορευόμενος θεάσασθαι ὑμᾶς καὶ ὑφ᾽ ὑμῶν προπεμφθῆναι ἐκεῖ ἐὰν ὑμῶν πρῶτον ἀπὸ μέρους ἐμπλησθῶ.

그래서 내가 스페인으로 갈 때, 지나가면서 여러분을 보고 먼저 여러분을 어느 정도 만족시킨 후 여러분에 의하여 그곳으로 파송 받기를 희망한다.

25절

Νυνὶ δὲ πορεύομαι εἰς Ἰερουσαλὴμ διακονῶν τοῖς ἁγίοις.

그런데 지금은 성도들을 섬기기 위해 예루살렘으로 가고 있다.

26절

εὐδόκησαν γὰρ Μακεδονία καὶ Ἀχαΐα κοινωνίαν τινὰ ποιήσασθαι εἰς τοὺς πτωχοὺς τῶν ἁγίων τῶν ἐν Ἰερουσαλήμ.

왜냐하면 마케도니아와 아카이아가 예루살렘에 있는 가난한 성도들에게 어떤 나눔을 행하기를 기쁘게 생각했기 때문이다.

27절

εὐδόκησαν γὰρ καὶ ὀφειλέται εἰσὶν αὐτῶν· εἰ γὰρ τοῖς πνευματικοῖς αὐτῶν ἐκοινώνησαν τὰ ἔθνη, ὀφείλουσιν καὶ ἐν τοῖς σαρκικοῖς λειτουργῆσαι αὐτοῖς.

그들은 기쁘게 생각했고 또한 그들에게 빚진 사람들이다. 왜냐하면 이방인이 그들의 영적인 것들에 참여했다면, 마땅히 그들을 육적인 것들로 섬겨야 하기 때문이다.

28절

τοῦτο οὖν ἐπιτελέσας καὶ σφραγισάμενος αὐτοῖς τὸν καρπὸν τοῦτ ον, ἀπελεύσομαι δι᾽ ὑμῶν εἰς Σπανίαν·

그러므로 이 일을 마치고 그들에게서 이 열매를 확인받고 나서, 여러분을 거쳐 스페인으로 떠날 것이다.

29절

οἶδα δὲ ὅτι ἐρχόμενος πρὸς ὑμᾶς ἐν πληρώματι εὐλογίας Χριστοῦ ἐλεύσομαι.

그런데 나는 내가 여러분을 향하여 갈 때 그리스도의 축복의 충만함 속에 가게 되리라는 것을 알고 있다.

30절

Παρακαλῶ δὲ ὑμᾶζ, ἀδελφοί, διὰ τοῦ κυρίου ἡμῶν Ἰησοῦ Χριστοῦ καὶ διὰ τῆς ἀγάπης τοῦ πνεύματος συναγωνίσασθαί μοι ἐν ταῖς προσευχαῖς ὑπὲρ ἐμοῦ πρὸς τὸν θεόν,

형제들이여, 우리 주 예수 그리스도를 통하여 그리고 성령의 사랑을 통하여 내가 여러분에게 부탁하건대, 하나님을 향한 나를 위한 기도들에 나와 함께 싸우라.

31절

ἵνα ῥυσθῶ ἀπὸ τῶν ἀπειθούντων ἐν τῇ Ἰουδαίᾳ καὶ ἡ διακονία μου ἡ εἰς Ἰερουσαλὴμ εὐπρόσδεκτος τοῖς ἁγίοις γένηται,

그리하여 내가 유대에 있는 불순종하는 자들에게서 구원받고 예루살렘을 위한 나의 섬김이 성도들에게 기쁘게 받아들여지게 하라.

32절

ἵνα ἐν χαρᾷ ἐλθὼν πρὸς ὑμᾶς διὰ θελήματος θεοῦ συναναπαύσωμαι ὑμῖν.

그리하여 하나님의 뜻을 통하여 내가 기쁨 속에 여러분을 향하여 가서 여러분과 함께 푹 쉬게 하라.

33절

Ὁ δὲ θεὸς τῆς εἰρήνης μετὰ πάντων ὑμῶν, ἀμήν.

평화의 하나님께서 여러분과 함께, 아멘.

해설

    바울은 여러 번 로마에 가고 싶어 했다. 그러나 그의 갈망은 번번이 좌절되었다. 바울은 그것을 보충하기 위해 편지를 써서 겐크레아 교회의 여집사인 포이베의 손에 들려서 보낸다. 바울은 지금 이방인 성도들의 헌금을 들고 예루살렘을 향하여 가고 있다. 그것은 마케도니아와 아카이아 지방의 성도들이 먼저 제안하고 기쁘게 헌금한 것이다. 바울은 이방인들이 영적으로 유대인들에게 빚을 졌기 때문에 마땅히 육적인 것으로 그들을 섬겨야 한다고 말한다.

    예루살렘은 그의 적들이 기다리고 있는 곳이다. 유대교 극렬분자들은 오래전부터 그의 암살을 준비해 왔다. 이제 그는 자기의 발로 적들의 소굴로 찾아간다.

    그는 죽음이 자기를 기다리고 있다는 것을 알고 있다. 그는 지금 목숨을 내어놓고 예루살렘을 향해 나아가고 있다. 그는 예루살렘 성도들에게 이방인 교회의 구제헌금을 전달한 후 로마를 거쳐 스페인으로 가려는 계획을 가지고 있다. 그는 로마에 가서 성도들과 교제를 나누며 충분한 휴식을 취한 다음 로마교회의 재정지원을 받아 스페인 선교를 떠나게 되기를 희망하고 있다. 그것은 안디옥에서 출발하여 소아시아를 거쳐 마케도니아와 헬라 지역 전체를 전도했기 때문에 더 이상 그곳에서는 할 일이 없다고 판단했기 때문이다.

    그는 그리스도의 축복의 충만함 속에 로마교회의 성도들과 만나게 될 날을 기다리고 있다. 그러기 위해서는 먼저 예루살렘에 있는 성도들에게 구제헌금을 전달하고 영수증을 받아야 한다. 그리고 예루살렘에 있는 적들로부터 무사히 빠져나와야 한다. 바울은 로마교인들에게 그것을 위해 기도해 주기를 부탁한다.

바울의 의도

로마서 16:1-23

1절

Συνίστημι δὲ ὑμῖν Φοίβην τὴν ἀδελφὴν ἡμῶν, οὖσαν καὶ διάκονον τῆς ἐκκλησίας τῆς ἐν Κεγχρεαῖς,

나는 여러분에게 우리의 자매이며, 켄크레아 교회의 집사인 포이베를 추천한다.

2절

ἵνα αὐτὴν προσδέξησθε ἐν κυρίῳ ἀξίως τῶν ἁγίων καὶ παραστῆτε αὐτῇ ἐν ᾧ ἂν ὑμῶν χρήζῃ πράγματι· καὶ γὰρ αὐτὴ προστάτις πολλῶν ἐγενήθη καὶ ἐμοῦ αὐτοῦ.

이는 여러분이 그녀를 주 안에서 성도들의 합당한 것으로 영접하고 그녀가 여러분에게 필요로 하는 것을 그녀에게 제공하게 하려는 것이다. 왜냐하면 그녀는 많은 사람 그리고 나 자신의 후원자가 되었기 때문이다.

3절

Ἀσπάσασθε Πρίσκαν καὶ Ἀκύλαν τοὺς συνεργούς μου ἐν Χριστῷ Ἰησοῦ,

그리스도 예수 안에서 나의 동역자인 프리스킬라와 아퀼라에게 문안하라.

4절

οἵτινες ὑπὲρ τῆς ψυχῆς μου τὸν ἑαυτῶν τράχηλον ὑπέθηκαν, οἷς οὐκ ἐγὼ μόνος εὐχαριστῶ ἀλλὰ καὶ πᾶσαι αἱ ἐκκλησίαι τῶν ἐθνῶν,

그들은 나의 목숨을 위해 자신들의 목을 내려놓았는데, 그들에게 나 뿐아니라 이방인들의 모든 교회가 감사하고 있다.

5절

καὶ τὴν κατ᾽ οἶκον αὐτῶν ἐκκλησίαν. ἀσπάσασθε Ἐπαίνετον τὸν ἀγαπητόν μου, ὅς ἐστιν ἀπαρχὴ τῆς Ἀσίας εἰς Χριστόν.

그리고 그들의 집에서 모이는 교회에 문안하라. 나의 사랑하는 에퐈이네토스에게 문안하라. 그는 그리스도를 행한 아시아의 첫 열매다.

6절

ἀσπάσασθε Μαρίαν, ἥτις πολλὰ ἐκοπίασεν εἰς ὑμᾶς.

마리아에게 문안하라. 그녀는 여러분을 위해 많은 수고를 했다.

7절

ἀσπάσασθε Ἀνδρόνικον καὶ Ἰουνίαν τοὺς συγγενεῖς μου καὶ συναι χμαλώτους μου, οἵτινές εἰσιν ἐπίσημοι ἐν τοῖς ἀποστόλοις, οἳ καὶ πρὸ ἐμοῦ γέγοναν ἐν Χριστῷ.

나의 친족이며 나와 함께 포로가 된 안드로니코스와 유니아에게 문안하라. 그들은 사도들 중에서 뛰어난 사람들이다. 그리고 그들은 나보다 먼저 그리스도 안에 있었다.

8절

ἀσπάσασθε Ἀμπλιᾶτον τὸν ἀγαπητόν μου ἐν κυρίῳ.

주 안에서 나의 사랑하는 자 암플리아토스에게 문안하라.

9절

ἀσπάσασθε Οὐρβανὸν τὸν συνεργὸν ἡμῶν ἐν Χριστῷ καὶ Στάχυν τὸν ἀγαπητόν μου.

그리스도 안에서 우리의 동역자인 우르바노스와 나의 사랑하는 스타퀴스에게 문안하라.

10절

ἀσπάσασθε Ἀπελλῆν τὸν δόκιμον ἐν Χριστῷ. ἀσπάσασθε τοὺς ἐκ τῶν Ἀριστοβούλου.

그리스도 안에서 검증된 아펠레스에게 문안하라. 아리스토불로스의 가문에 속한 사람들에게 문안하라.

11절

ἀσπάσασθε Ἡρῳδίωνα τὸν συγγενῆ μου. ἀσπάσασθε τοὺς ἐκ τῶν Ναρκίσσου τοὺς ὄντας ἐν κυρίῳ.

나의 친족인 헤로디온에게 문안하라. 주 안에 있는 자들인 나르키소스의 집안사람들에게 문안하라.

12절

ἀσπάσασθε Τρύφαιναν καὶ Τρυφῶσαν τὰς κοπιώσας ἐν κυρίῳ. ἀσπάσασθε Περσίδα τὴν ἀγαπητήν, ἥτις πολλὰ ἐκοπίασεν ἐν κυρίῳ.

주 안에서 수고한 트뤼파이나와 트뤼포사에게 문안하라. 사랑하는 페르시스에게 문안하라. 그녀는 주 안에서 많이 수고했다.

13절

ἀσπάσασθε Ῥοῦφον τὸν ἐκλεκτὸν ἐν κυρίῳ καὶ τὴν μητέρα αὐτοῦ καὶ ἐμοῦ

주 안에서 선택받은 자인 루포스와 그의 어머니에게 문안하라. 그분은 또한 나의 어머니다.

14절

ἀσπάσασθε Ἀσύγκριτον, Φλέγοντα, Ἑρμῆν, Πατροβᾶν, Ἑρμᾶν καὶ

τοὺς σὺν αὐτοῖς ἀδελφούς.

아쉰크리토스, 필레곤, 헤르메스, 파트로바스, 헤르마스와 그들과 함께 있는 형제들에게 문안하라.

15절

ἀσπάσασθε Φιλόλογον καὶ Ἰουλίαν, Νηρέα καὶ τὴν ἀδελφὴν αὐτοῦ, καὶ Ὀλυμπᾶν καὶ τοὺς σὺν αὐτοῖς πάντας ἁγίους.

필로로고스와 유니아, 네레아와 그의 자매와 올림파스와 그들과 함께 있는 모든 성도에게 문안하라.

16절

ἀσπάσασθε ἀλλήλους ἐν φιλήματι ἁγίῳ. ἀσπάζονται ὑμᾶς αἱ ἐκκλησίαι πᾶσαι τοῦ Χριστοῦ.

거룩한 키스로 서로 인사하라. 그리스도인의 모든 교회가 여러분에게 인사한다.

17절

Παρακαλῶ δὲ ὑμᾶς, ἀδελφοί, σκοπεῖν τοὺς τὰς διχοστασίας καὶ τὰ σκάνδαλα παρὰ τὴν διδαχὴν ἣν ὑμεῖς ἐμάθετε ποιοῦντας, καὶ ἐκκλίνετε ἀπ᾽ αὐτῶν·

나는 여러분에게 권면하니 형제들이여, 여러분이 배운 것을 떠나서 걸려 넘어지게 하는 일을 행하는 자들을 주시하고, 그들에게서 떠나라.

18절

οἱ γὰρ τοιοῦτοι τῷ κυρίῳ ἡμῶν Χριστῷ οὐ δουλεύουσιν ἀλλὰ τῇ ἑαυτῶν κοιλίᾳ, καὶ διὰ τῆς χρηστολογίας καὶ εὐλογίας ἐξαπατῶσιν τὰς καρδίας τῶν ἀκάκων.

왜냐하면 이런 사람들은 우리 주 그리스도를 섬기는 것이 아니라 대신 자신들의 배를 섬기고, 부드러운 말과 칭찬으로 순진한 사람들의 마음을 기만하기 때문이다.

19절

ἡ γὰρ ὑμῶν ὑπακοὴ εἰς πάντας ἀφίκετο· ἐφ' ὑμῖν οὖν χαίρω, θέλω δὲ ὑμᾶς σοφοὺς εἶναι εἰς τὸ ἀγαθόν, ἀκεραίους δὲ εἰς τὸ κακόν.

여러분의 순종이 모든 사람에게 도달했다. 그러므로 여러분에 대해 나는 기뻐한다. 그런데 나는 여러분이 선한 일에 지혜롭고, 악한 일에 순수하기를 원한다.

20절

ὁ δὲ θεὸς τῆς εἰρήνης συντρίψει τὸν σατανᾶν ὑπὸ τοὺς πόδας ὑμῶν ἐν τάχει.

Ἡ χάρις τοῦ κυρίου ἡμῶν Ἰησοῦ μεθ' ὑμῶν.

평화의 하나님께서 사탄을 여러분의 발 아래에서 신속히 깨뜨릴 것이다. 우리 주님의 은혜가 여러분과 함께.

21절

Ἀσπάζεται ὑμᾶς Τιμόθεος ὁ συνεργός μου καὶ Λούκιος καὶ Ἰάσων καὶ Σωσίπατρος οἱ συγγενεῖς μου.

나의 동역자인 디모데오스와 나의 친족들인 루키오스와 야손과 소시파트로스가 여러분에게 인사한다.

22절

ἀσπάζομαι ὑμᾶς ἐγὼ Τέρτιος ὁ γράψας τὴν ἐπιστολὴν ἐν κυρίῳ.

주님 안에서 편지를 쓴 사람인 나 테르티오스가 여러분에게 인사한다.

23절

ἀσπάζεται ὑμᾶς Γάϊος ὁ ξένος μου καὶ ὅλης τῆς ἐκκλησίας. ἀσπάζεται ὑμᾶς Ἔραστος ὁ οἰκονόμος τῆς πόλεως καὶ Κούαρτος ὁ ἀδελφός.

나와 온 교회의 손님인 가이오스가 여러분에게 인사한다. 도시의 관리자인 에라스토스와 형제 쿠아르토스가 여러분에게 인사한다.

　　로마서는 바울이 구술하고 테르티오스가 쓴 편지다. 바울은 이 편지를 켄크레아 교회의 여집사인 포이베의 손에 들려 로마로 보낸다. 포이베는 바울이 신임하는 여장부다. 포이베는 여성신학적인 상상력을 발동시키는 인물이다. 그녀는 초기 기독교 역사의 영웅적인 인물 중 하나다. 그녀는 배를 타고 항해한 경험이 많았던 인물이다. 아무것도 모르는 여행 초보자에게 그 중요한 문서를 맡겼을 리가 없다. 그녀는 로마에 있는 성도들에게 이 편지를 전달했는데, 수신자는 당연히 바울의 심복들이다.

　　그다음 중요한 인물은 아퀼라의 아내인 프리스킬라다. 그녀는 신학적 이해력이 뛰어난 상당히 지적인 인물이다. 그녀는 바울과 함께 고린도교회를 개척한 구성원 중의 한 사람이다. 그녀는 성경에 정통하고 유창한 언변의 소유자였던 아폴로에게 기독교 신학의 기초를 가르친 인물이다. 포이베가 마르다 같은 여장부 스타일의 사업가라면, 프리스킬라는 그리스도의 발치에서 말씀을 깊이 새겨듣던 마리아 같은 신학적 인물이다.

　　그다음 중요한 인물은 루포스의 어머니다. 그녀는 그리스도의 십자가를 강제로 지고 골고다까지 갔던 구레네 시몬의 아내다. 그녀는 초기 기독교 역사의 산증인이다. 그녀는 아프리카의 퀴레네에 살고 있던 디아스포라 유대인 출신이다. 그녀의 아들은 알렉산더와 루포

스다. 그녀는 바나바, 바울과 함께 안디옥교회를 개척한 인물이다. 그녀는 초창기 기독교 이방인 선교에서 중요한 역할을 한 사람으로 바울은 그녀를 자신의 어머니라고 부르며 존경심을 표하고 있다. 그녀가 어떻게 해서 안디옥을 떠나 로마에 가게 되었는지 궁금한 대목이다. 아마도 바울이 선교사로 파송했을 가능성이 크다.

포이베, 프리스킬라, 루포스의 어머니, 이들은 모두 초기 기독교 운동에 참여한 선교사들이다. 로마서 16장에는 많은 인물이 등장한다. 그들은 바울 선교회가 파송한 선교사들 이름이다. 그들은 대부분 디아스포라 출신의 유대인들이며 대부분 헬라식 이름을 가지고 있다. 그것을 통해 우리는 그 시대의 유대인들이 얼마나 헬라화되어 있었는지를 알 수 있다.

이 본문을 통해 로마교회 안에도 바울파가 있었음을 알 수 있다. 그것은 선교 전략상 바울이 조직적으로 들여보낸 것이다. 그들 중에 상당수는 바울의 친족들이다.

로마서는 바울이 로마에 있는 자기의 세력을 통해 로마교회 내에서 자기 영향력을 확장하려는 목적으로 쓴 신학 편지다. 바울은 이방인의 사도라는 자부심과 함께 불타는 사명감으로 이방인 선교에 전념하고 있었다. 그러나 세계선교의 전략적 요충지인 로마는 베드로파가 장악하고 있었다. 이것은 신학적 우월성과 선교적 야망에 불타고 있었던 바울에게는 참을 수 없는 상황이었다.

바울은 베드로를 줏대 없이 중간에서 왔다 갔다 하는 무식쟁이 지도자로 우습게 여겼다. 그는 베드로파가 개척한 로마교회 역시 신학적으로 부족하다고 생각했다. 바울은 그것을 보충한다는 명분으로 로마서를 써서 자기 영향력을 늘리고 로마에서 전략적 거점을 만들려고 시도하고 있다.

바울은 이 편지에서 베드로에 관한 그 어떤 언급도 없다. 이것은 베드로에 대한 뿌리 깊은 열등의식과 경쟁심을 보여준다. 바울은 젊은 시절 아무것도 모르고 기독교를 핍박했던 죄로 인해 기독교 주류 세력으로부터 미운 오리 새끼 취급을 받아 온 인물이다. 비주류 신세인 바울은 항상 가는 곳마다 베드로파에게 공격받아 왔다.

그러나 그는 갈라디아서를 기점으로 반격을 시작한다. 로마서가 쓰인 장소가 고린도라는 것도 의미심장하다. 고린도교회는 바울이 개척한 교회다. 그런데 바울이 떠난 후 베드로파가 밀고 들어왔다. 그것은 마치 암사자가 힘들게 사냥하고 나면 풀밭에 누워 빈둥거리던 수사자가 어슬렁거리며 다가와 다 쫓아버리고 먹이를 빼앗는 것과 같다.

베드로파는 목회와 정치에 있어서, 바울파는 신학과 선교에 강점이 있다. 베드로파는 전략에 능한 보수파고, 바울파는 이론에 능한 진보파다. 베드로파와 바울파의 대결은 후에 가톨릭과 개신교의 전쟁으로 역사의 무대에 등장한다.

복음과 선포

로마서 16:25-27

25절

῝Τῷ δὲ δυναμένῳ ὑμᾶς στηρίξαι κατὰ τὸ εὐαγγέλιόν μου καὶ τὸ κήρυ
γμα Ἰησοῦ Χριστοῦ, κατὰ ἀποκάλυψιν μυστηρίου χρόνοις αἰωνίοις
σεσιγημένου,

나의 복음과 예수 그리스도의 선포를 따라, 곧 영원한 시간 속에 감추어져
있었으나,

26절

φανερωθέντος δὲ νῦν διά τε γραφῶν προφητικῶν κατ᾽ ἐπιταγὴν τοῦ
αἰωνίου θεοῦ εἰς ὑπακοὴν πίστεως εἰς πάντα τὰ ἔθνη γνωρισθέντος,

지금은 영원하신 하나님의 명령을 따라 예언의 글들을 통해 밝혀져서
믿음의 복종을 위하여 모든 민족에게 알려진 비밀의 계시를 따라, 능히
여러분을 견고하게 세우실 수 있는,

27절

μόνῳ σοφῷ θεῷ, διὰ Ἰησοῦ Χριστοῦ, ᾧ ἡ δόξα εἰς τοὺς αἰῶνας, ἀμήν.

홀로 지혜로우신 하나님께 예수 그리스도를 통하여 그분께 영광이 영원히, 아멘.

해설

이 글에서 바울은 '나의 복음'이라는 특이한 말을 쓰고 있다. 여기서 '나의 복음'이란 예수 그리스도의 계시 사건에 대한 바울의 신학적 해석을 의미한다. 또 바울은 '예수 그리스도의 선포'라는 말을 쓴다. 그것은 예수 그리스도를 선포하는 행동을 가리킨다. 그러므로 구원이란 계시 사건에 대한 해석과 선포를 통하여 일어나는 역사적 사건이다.

계시가 해석될 때 하나님의 지혜의 영이 움직이신다. 계시의 해석은 항상 시대적 한계를 갖고 있다. 그러므로 계시는 항상 새롭게 해석되어야 한다. 그러나 해석은 선포되지 않으면 죽은 것이다. 선포는 용기와 담대한 행동력을 요구한다. 우리는 하나님의 능력 안에 있을 때 담대할 수 있다.

구원은 하나님의 지혜와 능력으로 선포된 복음에 대하여 믿음으로 복종할 때 일어나는 실존적 사건이다. 그러므로 구원이란 역사와 실존을 통해 일어나는 하나님의 사건이다.